Uwe Froschauer

Du managst jeden Tag,
du weißt es nur nicht

Praxisratgeber Management

Band 1 Managementkreislauf

Diplomica Verlag GmbH

Froschauer, Uwe: Du managst jeden Tag, du weißt es nur nicht – Praxisratgeber Management. Band 1 Managementkreislauf, Hamburg, Diplomica Verlag GmbH 2014

Buch-ISBN: 978-3-8428-9288-0
PDF-eBook-ISBN: 978-3-8428-4288-5
Druck/Herstellung: Diplomica® Verlag GmbH, Hamburg, 2014
Covermotiv: © alphaspirit · Fotolia.com

Bibliografische Information der Deutschen Nationalbibliothek:
Die Deutsche Nationalbibliothek verzeichnet diese Publikation in der Deutschen Nationalbibliografie; detaillierte bibliografische Daten sind im Internet über http://dnb.d-nb.de abrufbar.

© Diplomica Verlag GmbH
Hermannstal 119k, 22119 Hamburg
http://www.diplomica-verlag.de, Hamburg 2014
Printed in Germany

Inhaltsverzeichnis

Abbildungsverzeichnis

Vorwort

Lieber Leser,

Schluss mit Lustig.

Erschütternde Erfahrungen als Trainer und Unternehmensberater mit dem Thema "Management-Wissen", nötigen mich, dieses Buch zu schreiben. Bei Gesprächen mit Menschen, die schon mal was von Management gehört haben oder damit zu tun haben, stelle ich immer wieder fest, dass die meisten Personen eine sehr vage Vorstellung davon haben, worum es beim Management eigentlich geht.

Das liegt womöglich daran, dass die armen Leser solcher Fachliteratur bzw. die Besucher entsprechender Seminare, dem Fachchinesisch oder genauer gesagt dem "Managementchinesisch" nicht folgen können. Es liegt sicherlich nicht an Ihnen, geschätzter Leser als Empfänger dieser babylonischen Sprachverwirrung, sondern am Sender dieser Informationen. Hier schon mal 2 wichtige Kommunikationsregeln, die Sie ermuntern sollen, das Buch weiter zu lesen:

1. Wenn „A" etwas sagt und „B" es nicht versteht, ist immer „A" Schuld,

d.h. der Schreiberling oder Trainer bringt's einfach nicht rüber, weil er sich einer Sprache bedient, die bestenfalls er versteht (und das ist auch nicht immer sicher).

2. Es ist nicht wahr, was „A" sagt, sondern was „B" versteht.

Daher auch der Begriff „Wahr-nehmung".

Es gibt natürlich immer noch Menschen, die glauben, es gäbe nur eine Welt, nämlich „ihre". Deshalb müsste auch jeder die weltbeglückenden Botschaften dieser Leute eindeutig verstehen. Managementautoren wissen selbstverständlich auch ganz exakt, was unter Management zu verstehen ist, bzw. was man darunter zu verstehen hat. Der Autor dieses Buches ist jedoch zu der Auffassung gelangt, dass es bei demnächst 8 Milliarden Menschen entsprechend 8 Milliarden Welten gibt, weil jeder seine Umwelt ein bisschen anders „wahr-nimmt". Ich versuche durch viele plakative Beispiele so vielen Wahrnehmungswelten wie möglich zu entsprechen.

Die Vorstellungen von dem, was ein Manager, den lieben langen Tag so macht bzw. machen sollte, sind dementsprechend nicht einheitlich. Jedoch gibt es ein Grundverständnis, eine herrschende Meinung diesbezüglich. Die Antwort auf die Urfrage des Daseins eines Managers ist einfach: Er managt!

Jetzt sind Sie schon wesentlich schlauer, oder? Bitte, werfen Sie das Buch noch nicht weg, geben Sie ihm noch eine Chance. Notfalls können Sie es als Staubfänger benutzen, oder bei einem meiner Seminare, in Ermangelung fauler Tomaten, begleitet von

Schmährufen, auf mich werfen, um meine Wahrnehmung zu schärfen. Ich bin für jede konstruktive Kritik sehr dankbar.

Sie managen doch auch den ganzen Tag. Sie planen, Sie organisieren, Sie kontrollieren und steuern im privaten Bereich tagtäglich, Sie wissen es vielleicht nur nicht. Der Manager plant, organisiert, kontrolliert und steuert in seinem Managerdasein was das Zeug hält, und er macht es auch ganz bewusst, meist natürlich mit anderen Inhalten.

Sich aufgrund dieser Erkenntnis bereits für einen Vorstandsposten bei Siemens zu bewerben, halte ich allerdings noch für verfrüht.

Warum dann nicht jeder Manager ist, fragen Sie?

Na ja, erstens muss ja irgendjemand die getroffenen Entscheidungen eines Managers auch ausführen, zweitens hat nicht jeder Lust auf diesen teilweise stressigen Job (stressig zumindest dann, wenn man diese Buchreihe nicht gelesen hat), und drittens gehört zu einer herausragenden Eigenschaft eines Managers eine hohe Sozial- und Persönlichkeitskompetenz, was ja nicht unbedingt jeder sein Eigen nennen kann, und viertens, das weiß der Geier, und der auch nicht immer genau.

Nun vielleicht ein paar Worte über die Positionierung dieses Buches. Das fängt ja schon gut an, denken Sie sich. Der will ein einfaches Buch schreiben, und bringt gleich mal einen Fachausdruck, mit dem ich nichts anfangen kann. Nur keine Panik, Fachausdrücke werden selbstverständlich erklärt. Positionierung ist ein im Marketingjargon oft verwendeter Ausdruck, und beinhaltet den

Begriff Position (= Stellung), gemeint ist die Stellung im Markt. Die Positionierung hat 2 Seiten:

- Wie soll das Buch (Produkt) vom Leser und damit Kunden gesehen werden, und
- inwiefern hebt sich dieses Buch von anderen Büchern dieses Genres ab?

zu Punkt 1:
Sie sollen Spaß haben am "einfachen" Lesen, denn das Leben ist viel zu wichtig, um es zu ernst zu nehmen. Am Ende des Buches sollen Sie auch noch verstanden haben, was ein Manager so macht.

zu Punkt 2:
Das Buch verzichtet bewusst auf akademische Verkomplizierung, sondern setzt auf Komplexitätsreduktion. Da lass ich doch lieber einmal ein Bild nicht ganz gerade hängen, Hauptsache, das Wesentliche kommt rüber.

Apropos Bild: Das Buch versucht weitgehend, "Bilder", vornehmlich gesprochene Bilder in Ihren Kopf zu transportieren und nicht nur trockene Texte.
Dazu mehr im Kapitel "Leichtes Lernen".

Wen soll das Buch ansprechen?

Sie, geehrter Leser. Sie sind Selbstständiger, oder Selbständigwerdender, oder Sie übernehmen demnächst Managementaufgaben oder Sie sind schon Manager. Es könnte natürlich auch sein, dass irgendein böswilliger Rahmenstoffplan oder eine Prüfungsordnung z.B. von der Handwerkskammer oder der IHK Managementwissen einfach verlangt. Na ja, dann soll es auch Spaß machen, wenn man schon in den sauren Apfel beißen muss.

Vielleicht wollten Sie aber nur mal wissen, was diese Typen, die diese Wahnsinns-Gehälter beziehen, so tun, und ob Sie das nicht auch drauf hätten.

Vielleicht sind Sie Hausfrau oder Hausmann oder eine sonstige Privatperson, und wollen Ihr Privatleben effizienter gestalten. Und, fühlen Sie sich angesprochen?

Wenn Sie sich bewusst machen, dass Sie Ihr tägliches Leben nach den gleichen Mechanismen gestalten, wie ein Manager seine tägliche Arbeit, werden Sie es leicht haben, die Managementinhalte zu verstehen. Umgekehrt soll diese Buchreihe Sie dazu ermuntern, ihre privaten Dinge strukturierter und managementorientierter anzugehen. Sie können diese Managementmechanismen und –denkweisen auch für Ihre privaten Belange anwenden. Sie werden merken, dass Sie den Alltag wesentlich bewusster angehen, und durch Ihre strukturierte Vorgehensweise Zeit gewinnen, die Sie dann dazu nutzen können Ihre Seele baumeln zu lassen. Auch werden die Dinge in Ihrem Leben besser funktionieren, da Sie eine gewisse Ordnung schaffen. Gerade weil man strukturierter vorgeht, kann man lockerer drauf sein.

2.   Themenübersicht

Band 1 dieser Buchreihe beschäftigt sich mit dem Thema "leichtes Lernen" und dann geht es auch schon mitten hinein in die Aufgaben des Managementkreislaufs Planen – Realisieren – Kontrollieren – Steuern, ein Kreislauf, den Sie selbst, ohne es zu merken, mehrere tausend Male – pro Tag – durchlaufen.

Damit dieser Kreislauf des Planens - Realisierens - Kontrollierens - und Steuerns auch ordentlich funktioniert, müssen Regelungen bezüglich Aufgabenverteilung, Hierarchie und Prozesse etc. aufgestellt werden, d.h. im Klartext, es muss organisiert werden. Ohne Regelungen herrscht Chaos, das vielleicht von Joker in Gotham City beherrscht wird, aber im Unternehmen für einige Verwirrung sorgt.

Band 2 setzt sich mit den wichtigsten Denkweisen der Organisation auseinander.

Den Managementaufgaben Planung und Organisation wird im Unternehmen und den hier vorgestellten Buchbänden große Aufmerksamkeit geschenkt, weil diese Managementbereiche so unglaublich wichtig für die Erreichung der Unternehmensziele oder Ihrer persönlichen Ziele sind.

Blöde Sprüche irgendwelcher Neider wie z.B. "der kriegt nichts geregelt" oder "die hat keinen Plan" oder "der checkt null, dieser Nullinger" können Ihnen dann nichts mehr anhaben. Neid ist ja bekanntlich die deutsche Form der Anerkennung. Und außerdem, was stört es die stolze Eiche (die Sie dann geworden sind), wenn sich ein Wildschwein an ihr kratzt?

Was nützt es aber, wenn Sie spitzenmäßig (wie der Bayer sagt) managen, und Sie Personalverantwortung tragen, aber keiner von den Halodries nimmt Sie ernst. Die machen einfach was sie wollen, helfen Ihnen nicht bei der Erreichung Ihrer -bzw. der Unternehmensziele. So manche Eltern oder Elternteile wissen von was ich spreche. Ja, mit der Mitarbeiterführung ist das so eine Sache. Da trennt sich Spreu von Weizen, das unterscheidet einen Freizeitmanager von einem professionellen Unternehmensmanager. Eines kann ich Ihnen jetzt schon verraten: Die Zeiten von Befehlen und Gehorchen, wie Sie meine Großmutter noch kennt, sind Gott sei Dank vorbei.

Mit Sprüchen wie "hey Meier, da liegt noch Dreck", machen Sie heute keinen Staat mehr und schon gar kein Geschäft, außer das, bei dem Sie sich ungern stören lassen. Da müssen Sie sich schon was anderes einfallen lassen. Das Wesentliche hierzu kann Ihnen Band 3 beisteuern.

In der Mitte, des Managementkreislaufs steht dann noch die Kommunikation, denn ohne die geht rein gar nichts, die hält alles zusammen, wie Muttern. Wir haben uns zwar nichts zu sagen, aber wir sollten im Gespräch bleiben. Spaß beiseite, ein Manager, der nicht kommunizieren kann ist keiner. Kommunizieren ist viel mehr als gescheit daher reden.

Zuhören können, Feedback einholen, Dialog statt Monolog, sich in die Lage des anderen versetzen können etc., das macht gute Kommunikation aus.

Und weil Kommunikation die Managertugend Nr. 1 ist, wird sie im Band 4 auch eingehend besprochen.

So viel zu den Inhalten der vier Buchbände, welche die grundlegenden Tätigkeiten des Managers abdecken. Eigentlich hatte ich vor, spezielle Bereiche des Managements, wie z.B. Qualitätsmanagement, Umweltmanagement, Wissensmanagement oder Projektmanagement in weiteren Bänden zu beleuchten. Sollten Sie daran interessiert sein, wäre ich sehr erfreut und würde mich auch gleich ans Schreiben machen. Lassen Sie es mich oder den Verlag wissen, oder kaufen Sie einfach die ersten Bände, lassen Sie es Ihren Bekannten wissen usw. Die steigende Nachfrage ist der beste Indikator für ein gesteigertes Interesse an weiteren Bänden und äußerst motivierend. Der Froschauer, der Schlaumeier, denken Sie jetzt bestimmt.

Die ursprüngliche Intention des Autors, alle Managementbereiche in einem Buch unterzubringen, hat er Gott sei's gedankt verworfen. Da sieht man kein Land, darauf hat keiner Bock. Wer will schon einen Schmöker mit 600 Seiten? Also hab ich, und auch viele Bekannte mir gesagt, mach doch eine erste Buchreihe Band 1 bis Band 4 mit den Grundlagen, und darauffolgend eine 2. Reihe mit speziellen Managementthemen wie Projektmanagement, Wissensmanagement, Qualitätsmanagement usw. Viele von Ihnen werden möglicherweise nur an den „Basics" (= Grundlagen) interessiert sein, weil managen ist managen, egal ob Sie die Qualität oder ein Projekt oder das Wissen eines Unternehmens managen. Sie müssen in allen Bereichen planen, organisieren, kontrollieren, steuern und kommunizieren, damit die Ziele des jeweiligen Bereichs erreicht werden.

Wer aber die Besonderheiten des jeweiligen Bereichs wie z.B. das Management von Projekten mitkriegen möchte, kann ja mal in die 2. Buchreihe reinschauen, die ca. 1-2 Jahre nach Erscheinen dieser Buchreihe erhältlich sein wird. Ich möchte Ihnen nachfolgend schon mal die wesentlichen Inhalte der 2. Buchreihe kurz darlegen.

Wenn Sie mit Hilfe der ersten Buchreihe den vollen Durchblick bei den Managementaufgaben haben, wenden wir dieses Wissen auf spezielle Bereiche an, die für den Unternehmensalltag und die Unternehmenszukunft immer wichtiger werden. Da ist mal das Projektmanagement. Eine Party für 1000 Leute, also für den Kreis Ihrer engsten Freunde zu schmeißen, ist ja nichts alltägliches, das macht man nicht so nebenbei zwischen Kaffee und Kuchen oder Bier und Korn, je nach Konsummilieu. Nein, da muss man haarscharf nachdenken, und das macht dann auch der Projektmanager.

Er managt dieses Projekt. Und was hat ein Manager so für Aufgaben? Genau! Er plant, realisiert, kontrolliert und steuert, nicht zu vergessen die Projektorganisation und die Projektkommunikation, damit hier keine Projektruinen entstehen. Ja, so nennt man das, wenn nicht ordentlich nachgedacht und organisiert wird, und dann haben Sie den Dreck im Schachterl (= Kehricht in der Schachtel).

Sobald wir dieses zeitlich befristete, neuartige, komplexe Thema hinter uns gelassen, Sie sozusagen die Party überstanden haben, müssen wir wieder für mehr Qualität im Unternehmen sorgen, denn das dauernde Feiern, könnte uns der Kunde übelnehmen, zumindest wenn er nicht eingeladen war. Seinen Anforderungen müssen wir auf jeden Fall gerecht werden. Das gehört zum Tagesgeschäft eines Managers. Sie sagen, das interessiert mich nicht, ich hab ja nichts mit Kunden am Hut? Da täuschen Sie sich aber gewaltig. Jeder im Unternehmen hat Kunden, sogenannte interne Kunden. Wenn jeder als interner Lieferant seinem internen Kunden gerecht wird, müsste eigentlich auch der externe Kunde zufrieden sein. Da ist was dran, oder? Mit solchen Angelegenheiten beschäftigt sich das Qualitätsmanagement bzw. der Qualitätsmanager. Und was machen Sie dann so als Qualitätsmanager? Sie planen, kontrollieren, steuern usw. Sie können es schon nicht mehr hören? Gut so, dann hat sich ja schon was eingeprägt.

Der Sprung zum Umweltmanagement ist jetzt nicht mehr weit. Sie wollen Ihren Kindern und deren Kindern und deren Kindern… (ja, ja)...sicherlich eine saubere Umwelt hinterlassen. Das verlangt der Staat von Ihnen, und kommt da mit jeder Menge Gesetze und Verordnungen auf Sie zu. Da kann's bei Vorsätzlichkeit auch schon mal ab in den Knast gehen, und da ist das Essen doch so schlecht. Wer will das schon. Also meine Damen und Herren, ein bisschen "nachhaltig" denken, sonst gibt's eine ausgewachsene Magenverstimmung.

Auch Ihre Kunden verlangen umweltverträgliche Produkte und deren saubere Produktion, sonst kaufen sie nix mehr. Dann hat auch die Bank keine Lust mehr dem Unternehmer Geld zu geben. Wie soll er es denn zurückzahlen, wenn keiner mehr was kauft? Konsequenterweise macht der Unternehmer das Unternehmen dicht und alle nagen am Hungertuch. Sie sehen schon, die Achtung auf eine saubere Umwelt vermeidet Essensstörungen.

Dann machen wir noch einen kurzen Abstecher zum Wissensmanagement. "Ich weiß, dass ich nichts weiß" oder "Wissen ist Macht, nichts wissen macht nichts", die ollen Kamellen von den Griechen oder faulenzenden Couchpotatoes (Couchkartoffeln) oder beides, können Sie hier komplett vergessen. Wenn man bedenkt, dass das Wissen der gesamten Menschheit sich in 4 - 5 Jahren verdoppelt, ist ständiges Lernen angesagt, und das tun dann auch sogenannte lernende Organisationen. Gleichzeitig reduziert sich die Halbwertzeit des Wissens ständig, d.h. wenn ein bestimmter Wissensbereich eine Halbwertzeit von 3 Jahren hat, ist das Wissen, das Sie sich vor 3 Jahren angeeignet haben, nur noch die Hälfte wert. Die andere Hälfte müssen Sie entrümpeln, sonst steht das betagte Wissen ständig im Weg rum. Wer einen Dachstuhl oder Keller, oder sogar beides hat, weiß was ich meine.

Durch IT (Informationstechnologie) ist Wissensmanagement jedoch einigermaßen in den Griff zu kriegen, auch für Sie Frau Huber.

Wie soll ich das alles schaffen, fragen Sie? Gut, dass es das Zeitmanagement gibt. Interesssant ist in diesem Zusammenhang, dass die meisten Leute dem Geld mehr Bedeutung beimessen, als der Zeit. Obwohl Zeit auf einem fetten Zeitkonto nicht speicherbar ist, nach dem Motto, "hey Schorsch, hab mal wieder 10 Jahre Zeit auf meinem Konto gebunkert", rennen die meisten nach wie vor dem Geld hinterher (ein kleiner Tipp nebenbei: dem Geld rennt man nicht hinterher, sondern dem geht man entgegen). Vor allem stell ich mir Dispo- und Überziehungskredite auf diesem Zeitkonto relativ schwierig vor. Ein paar Zeiträuber, vor allem aber, Mittel dagegen zu kennen, schadet da nicht.

Jetzt kommt das dicke Ende, jetzt geht's ans Eingemachte. Mit ein paar Zahlenwerken müssen Sie sich selbstverständlich auch auskennen. Der Manager kann ja nicht jeder Aktion im Unternehmen hinterher schnüffeln. Auch das Verpacken irgendwelcher Ereignisse oder Tätigkeiten in verbale Berichte ist oftmals bei deren Erstellung als auch bei deren Interpretation viel zu aufwendig. Natürlich könnte der Herr Gruber aus der Finanzierung Ihnen einen Bericht vorlegen mit dem Wortlaut: „Wahrscheinlich schaffen wir's finanziell schon in den nächsten 3 Monaten. Ich hab da ein gutes Gefühl." Eine saubere Zahl z.B. in Form einer finanziellen Unterdeckung von voraussichtlich 1.547.000 Euro im 3. Monat des Liquiditätsplans gibt da schon mehr Sicherheit, und Sie können sich überlegen, ob der Ferrari als Firmenfahrzeug und die Villa in Spanien als Filiale des Unternehmens vielleicht ins 7. Monat verlegt werden sollte, weil da das Geld voraussichtlich wieder recht üppig fließt.

Da wären als Zahlenwerke beispielsweise die Bilanz, die Deckungsbeitragsrechnung, ein Liquiditätsplan usw. Klingt gefährlich, oder? Eines kann ich Ihnen versprechen: das Verständnis dieser Zahlenwerke kommt gleich nach gar nichts!

Dann sind wir auch schon durch. Spätestens jetzt haben Sie den Führerschein als Manager in allen relevanten Bereichen, nun müssen Sie nur noch fahren lernen. Das übernimmt dann die Praxis, denn ich krieg das rein zeitlich nicht hin, auch bei noch so gutem Zeitmanagement.

Wenn in diesem Buch von „der Führungskraft", „dem Vorgesetzten", „dem Mitarbeiter" und dergleichen geschrieben wird, dann geschieht das ausschließlich aus Gründen der einfacheren Lesbarkeit und besseren Verständlichkeit. Selbstverständlich gelten die Ausführungen genauso für weibliche Vorgesetzte bzw. Führungskräfte und Mitarbeiter.

Sollten Ihnen die Ausführungen und der Humor „sehr männlich" vorkommen, dann ist das nicht beabsichtigt und vielleicht damit begründet, dass der Autor ein Mann ist. Für eine eventuell als „einseitig" empfundene Sichtweise möchte ich mich schon im Vorfeld bei den Damen entschuldigen und betonen, dass die „männlichen" Schilderungen lediglich Beispielcharakter haben, und auf keinen Fall diskriminierend gemeint sind.

Bei allen Frauen mit dem Namen Carla entschuldige ich mich schon mal vorab, weil sie für einige Negativbeispiele herhalten musste.

Besonderen Dank möchte ich auch meiner Freundin Katharina Korn aussprechen, die sich meine Zeilen nochmal vorgenommen und kritisch geprüft hat. An dieser Stelle bedanke ich mich auch bei meinem Kumpel und Freund Mike, der den letzten Schliff in einige meiner Grafiken gebracht hat, da ich in diesem Bereich nicht gerade mit außerordentlichen Fähigkeiten gesegnet bin. Auch mein Weggefährte Hasi hat mich zusammen mit Mike durch eine Foto-Session vom Feinsten tatkräftig unterstützt. Dank und immer wieder Dank!

Große Danksagung auch an meine Lebensgefährtin Lena, die insbesondere meinen Band 4 Kommunikation durch einige Illustrationen mittels Ihres hübschen Konterfeis bereichert hat.

3. Leichtes Lernen

Wenn Sie etwas leicht lernen, dann macht das Spaß. Wenn Sie Spaß haben beim Lernen, lernen Sie leicht.

Kinder lernen „kinderleicht". Warum ist das so? Weil sie „neu-gierig" sind, weil sie „be-greifen" wollen, weil sie Interesse haben. Erwachsene haben diese Fähigkeiten zu einem großen Teil verlernt, was weniger deren Schuld ist, sondern zu einem nicht unerheblichen Teil der Art der Wissensvermittlung zuzuschreiben ist.

Wenn Sie fragen, „kann man sich den Stoff nicht anders als durch Pauken reinziehen", bekommen Sie oft die Antwort: „Nein, das geht nur so". Glauben Sie alles, was die Leute Ihnen sagen? Ich schon lange nicht mehr. Es macht oftmals Sinn, „Bekanntes" in Frage zu stellen.

Jetzt wird erstmal kräftig kritisiert. Die Art der Wissensvermittlung und das Ausbildungssystem hierzulande kommt mir vor, wie ein Fahrlehrer, der dem Fahrschüler nur die ersten 2 Gänge zeigt. So kommen Sie natürlich nie in die „Gänge". Stupides Auswendiglernen ist die Folge. Ihre 100% Lernenergie ist schon mal um 1/3 geschrumpft, weil Sie merken, wie aufwendig das Abspeichern von Informationen auf diese Weise ist. Es stinkt Ihnen gewaltig. Dieser Frust sitzt jetzt im Kopf, und Sie merken wie Sie das blockiert. Sie wissen, würde es Ihnen nicht stinken, könnten Sie Informationen effizienter aufnehmen. Jetzt stinkt es Ihnen, dass es Ihnen stinkt, und schon ist das 2. Drittel ihrer Lernenergie futsch. Mit dem kläglichen Rest müssen Sie jetzt zurechtkommen. Wenn Sie das nächste Mal wieder etwas lernen müssen, haben Sie im Vorfeld schon einen Horror, weil Sie sich ja daran erinnern, wie es das letzte Mal war. Ein Teufelskreis!

Dann schauen wir doch mal, wie man leichter lernen kann. Dazu braucht man natürlich auch ein wenig Hintergrundwissen, z.B. wie das Gehirn funktioniert.

3.1. Das Drei-Speicher-Modell

Sie werden sekündlich mit mehreren Millionen Informationseinheiten konfrontiert, die im Gehirn zusammenlaufen. Jetzt sagt sich natürlich ihr Gehirn: "Ich bin doch nicht blöd, und verarbeite jede Information. Da werde ich ja verrückt." Clever wie Ihr Gehirn ist, filtert es die nicht benötigten Informationseinheiten heraus, um das Bewusstsein vor Überforderung und Reizüberflutung zu schützen. Sie kennen das doch auch, wenn lauter attraktive potenzielle Lebenspartner im Raum stehen, wissen Sie gar nicht mehr, wo Sie hinschauen sollen. Reizüberflutung! Und andere Teile werden auch geflutet und vernebeln das blutarme Gehirn.

Das Modell der „drei Wahrnehmungsspeicher" versucht den Speichervorgang (= Lernvorgang) zu durchleuchten. Wir Menschen brauchen Modelle um uns irgendetwas vorstellen zu können. Die Wirklichkeit ist natürlich viel komplexer als in den Modellen abgebildet.

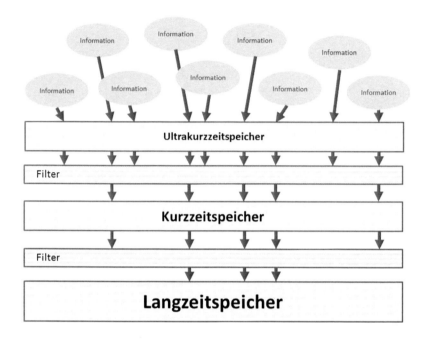

Abbildung 1: Modell der drei Wahrnehmungsspeicher

Da hätten wir vorab mal den **Ultrakurzzeitspeicher**, in dem Sie bestenfalls für Sekunden Informationen speichern können. Beispielsweise die Netzhaut des Auges soll so ein Speicher sein. Gelangt diese Info nicht in den **Kurzzeitspeicher**, der immerhin schon Minuten speichern kann, geht sie verloren. Dieses Wissen ist nicht mehr abrufbar. Nur die Info und damit das Wissen kann abgerufen werden, das in den **Langzeitspeicher** gelangt. Diese Informationen werden nicht mehr gelöscht. Den Langzeitspeicher muss man sich wie ein Haus mit Keller vorstellen. Das, was Sie ständig brauchen, ist im Wohnraum, das was Sie selten benötigen, kommt in den Keller. Das kennen Sie doch als Fremdsprachenkundiger. Der Wortschatz, den Sie ständig benutzen ist sofort abrufbar, bei weniger gebräuchlichen Worten müssen Sie erst mal eine Zeit lang im Keller kramen. „Mir liegt's auf der Zunge, gleich hab ich's, sag's nicht, ich komm gleich drauf"!

Zwischen Ultrakurzzeitspeicher und Kurzzeitspeicher, sowie zwischen Kurzzeitspeicher und Langzeitspeicher sind Filter eingebaut, damit nicht jede sinnfreie Information, wie z.B. Liedertexte wie „fly robin fly, up up to the sky" in den Langzeitspeicher gelangen, und dort unnötig Platz wegnehmen. Leute, bei denen solche Informationen zuhauf doch in den

Langzeitspeicher gelangen, benötigen oftmals Hilfe von außen, am besten in dafür vorgesehenen Institutionen. Aber ich mach mir da nicht allzu große Hoffnung auf Heilung.

Das Blöde ist nur, dass natürlich auch Lernstoff erst einmal abgeblockt wird. Also sollte man sich überlegen, wie man die Filter überwinden oder notfalls sogar austricksen kann. Nur besonders hervorgehobene Informationen können die Filter passieren, und gelangen auf die nächste Stufe. Hervorheben kann man Informationen durch

- Interesse
- Emotionen
- Assoziationen
- Sinnhaftigkeit und
- Wiederholen

zu Interesse:

Etwas, das Sie interessiert, können Sie sich viel besser merken (= speichern = lernen). Die Interessenlagen sind aber von Mensch zu Mensch äußerst unterschiedlich, wie folgender Versuch eindrucksvoll bestätigt. In einem Großraumtaxi für bis zu 8 Fahrgäste wurden Personen befördert, die je zur Hälfte aus Männern und aus Frauen bestanden. Während der Fahrt fängt der Taxifahrer auf einmal das Labern an. Erst erzählt er über ein Familientreffen, und berichtet, was da so passiert ist mit Klein-Erna, Tante Gisela, und was Onkel Friedrich wieder angestellt hat. Danach schwenkt er auf das Thema Auto, und informiert über technische Daten wie PS, Beschleunigung, Zylinderzahl eines Sportwagens etc. Nach der Fahrt wurden die Fahrgäste befragt, was Sie von den Ausführungen des Taxifahrers noch wüssten: Fast alle Frauen konnten bis ins Detail die Familiengeschichte wiedergeben, "…ach ja, und irgendetwas war da noch mit einem Auto". Bei den Männern genau umgekehrt. Und was sagt uns das? Dass die Interessengebiete und damit auch die Wahrnehmung bei Mann und Frau höchst unterschiedlich sind. Das nennen die Psychologen dann „selektive Wahrnehmung". Zwischenmenschliche Beziehungen als Gesprächsthema interessieren die meisten Männer nur am Rande, und die meisten Frauen sind nicht so an Technik interessiert. Deswegen, geschätzter Leser, diese aus dem Versuch gewonnene Erfahrung ist doch etwas für's Leben. Müllen Sie als Mann Ihre weibliche Umgebung nicht mit Themen wie Technik oder Fußball zu, und Sie liebe Damen, verzichten Sie doch auf all zu viele Themen im zwischenmenschlichen Bereich Ihrem männlichen Lebenspartner gegenüber. Und schon dauert die Beziehung länger als gedacht. Sie können diese Themen doch auch im gleichgeschlechtlichen Umfeld platzieren. „Jetzt gibt der Typ auch noch Ratschläge für mein Privatleben, habe langsam die Nase voll". Verzeihung! Selbstverständlich möchte ich diese Erkenntnis nicht generalisieren.

zu Emotionen:

Die Werbung beispielsweise versucht oftmals bei der Gestaltung der Werbebotschaft, das Produkt mit positiven Emotionen zu verbinden. Wenn Sie das Produkt benutzen, sind Sie glücklich oder erfolgreich, und „schon klappt's mit dem Nachbarn" oder Sie haben „Freude am Fahren". Warum macht das der Werbetreibende? Er möchte, dass Sie die Werbebotschaft lernen. Das ist die Voraussetzung für den späteren Kauf. Erstmal die Werbung wahrnehmen, dann lernen, dann eine positive Einstellung zum Produkt gewinnen, um anschließend so stark aktiviert zu sein, das Produkt zu kaufen.

Verbinden Sie doch auch das Lernen mit positiven Emotionen. Denken Sie z.B. an das viele Geld, das Sie als Manager verdienen werden, wenn Sie dieses Buch gelesen haben, oder an die vielen neuen möglichen Lebenspartner die Sie gewinnen können, wenn Sie sich beispielsweise in Buchhaltung gut auskennen und damit Ihren potenziellen Partner bei einem guten Glas Rotwein einen ganzen Abend unterhalten und faszinieren können. Ihr Gegenüber wird sich sicherlich für den gelungenen, abwechslungsreichen Abend bei Ihnen bedanken.

zu Assoziationen:

Wenn Sie vom Bekannten auf das Unbekannte schließen können, assoziieren Sie. Das ist ja auch ein Grundpfeiler dieses Buches. Erstmal wird Ihnen z.B. der Planungsprozess im Privatbereich vor Augen geführt und Sie sagen: „Ist doch logo". Und schon kommt ein betriebliches Beispiel und Sie stellen ganz verblüfft fest: „Mensch, das funktioniert ja im Betrieb ganz genauso". Und schwuppdiwupp ist der Lernstoff abgespeichert ohne Stress.

zu Sinnhaftigkeit:

Sinnloses Zeug ist für das Gehirn schwer abspeicherbar. Es braucht einen roten Faden, eine gewisse Struktur der abzuspeichernden Information, damit Sie auch wirklich sagen können „Ist ja klar." Wenn Ihnen beispielsweise jemand sagt „der Lebensinhalt ist „Arbeiten bis man in die Kiste fällt", macht das für Sie, lieber Leser vielleicht nicht allzu viel Sinn. So Sprüche wie „ich arbeite um zu leben und ich lebe nicht um zu arbeiten" oder „gib nicht dem Leben mehr Tage sondern dem Tag mehr Leben" geht da schon schneller in die Birne, leuchtet dem im „hier und jetzt" - Lebenden, der Sie möglicherweise sind, schneller ein. Klar, das sind uralte Sprüche, aber machen doch irgendwie Sinn, oder?

zu Wiederholen:

Wenn Sie es nicht geschafft haben, am Lernstoff etwas interessantes zu finden oder das Unbekannte mit bekannten Inhalten zu verbinden usw., bleibt nur noch Büffeln in Form des ständigen Wiederholens. Genau das möchte dieses Buch weitestgehend vermeiden. Bestimmte Lernstoffe, wie z.B. das Pauken von chinesischen Vokabeln lassen sich aber oftmals nicht anders abspeichern. Beispielsweise das chinesische Wort für Minirock „a'weng z'eng" hat nichts Interessantes, löst keine positiven Emotionen aus, Sie können es mit nichts Bekanntem verbinden, und soviel Sinn macht es auch nicht. Oder doch? Also müssen Sie das Wort solange wiederholen, bis es sich in irgendeiner Gehirnwindung eingenistet hat, bis es im Langzeitspeicher angekommen ist. Ganz schön mühsam.

Gehirnforschungen haben weiterhin ergeben, dass diese Filter durch gezieltes Gehirntraining leichter überwunden werden können. Klassische Beispiele für Übungen sind:

1) Lesen Sie diese Seite auf dem Kopf stehend (nicht Sie auf dem Kopf, sondern die Seite einfach um 180 Grad umdrehen; nicht alles machen was man Ihnen sagt, Sie werden doch Manager, oder gehören schon zu diesem Berufsstand).
2) Schreiben Sie ein Wort von oben nach unten und dann umgekehrt von unten nach oben nebeneinander, z.B.

B	T
R	S
U	U
S	R
T	B

Suchen Sie Wörter, die jeweils mit dem einen Buchstaben anfangen und mit dem anderen enden, wie z.B. Bart, Ross, Uhu, Sender, Taub oder finden Sie zusammengesetzte Worte, bei denen der erste Wortteil mit dem ersten Buchstaben beginnt, und der zweite Wortteil mit dem zweiten Buchstaben wie z.B. BarTender, RiesenSpass, UBahnUnterführung, SommerReifen, TabakBeutel.

3) Erledigen Sie irgendeine Routinetätigkeit mal mit der anderen Hand (anständig bleiben).

Fazit: Wenn Sie Informationen abspeichern, d.h. lernen wollen, und das mit Spaß und schnell, müssen Sie die Filter zwischen den Speichern überwinden. Zugegeben, es ist nicht einfach, z.B. an Buchhaltung etwas Interessantes zu finden, aber Sie können sich ja vorstellen, dass Sie sich irgendwann selbständig machen. Dann geht es um Ihr Geld, und eine gute Buchhaltung als Grundlagenzahlenwerk ist dann eine wichtige Voraussetzung für ein erfolgreiches Geschäft. Schon ist Buchhaltung Interessanter als vorher, Filter ausgetrickst, die Lerninhalte gehen schneller in den Kopf.

Managementwissen ist für Sie ja nichts Neues. Sie managen täglich. Wenn Sie sich das Bekannte aus dem Alltagsleben bewusst machen, ist es ein leichtes, dieses Wissen auf den Betrieb zu übertragen. Sie haben in diesem Fall assoziiert.

3.2.   Lernen mit „Bildern"

Warum lernen Kinder so schnell? Weil sie sich die Lerninhalte bildhaft vorstellen. Ein Bild ist viel leichter ins Gehirn zu transportieren als irgendeine trockene Phrase.

Das Gehirn hat 2 Hälften, eine linke und eine rechte. „Wenn es den Froschauer nicht gäbe, wäre ich da nie drauf gekommen; der Froschauer dieser Klugsch…". Ja, ich weiß, aber es kommt ja noch was, ich bin noch nicht fertig mit meinen schlauen Ausführungen. Das Gehirnmodell der Gehirnforscher besagt, dass die linke Hälfte des Gehirns für digitale Daten und Informationen, insbesondere für die Sprachbearbeitung und die rechte Hälfte für Bilder und Analogien zuständig ist. Links werden Informationen digital (englisch digit = Ziffer), und rechts Informationen analog verarbeitet. Die linke Hälfte sieht oder hört z.B. ein Wort, worauf die rechte Hälfte in der Ablage nachsieht, ob sich zu diesem digitalen Begriff ein entsprechendes Bild findet. Jemand sagt z.B. Auto, und schon kramt Ihnen die rechte Hälfte den neuesten Ferrari aus der Ablage. Wenn Sie gleich in „Bildern lernen", gelangt diese Information viel schneller ins Archiv, also in den Langzeitspeicher. Was verschafft Ihnen schneller einen Überblick? Zahlenkolonnen in einer Tabelle, oder eine simple Grafik oder ein Bild. Ich könnte Ihnen jetzt in 100.000 Worten erklären wie meine Lebenspartnerin aussieht, oder ich zeige Ihnen ein Bild. Was ist effektiver und effizienter? Na sehen Sie, die bildliche Darstellung! Ich zeige Ihnen meine Lebenspartnerin aber trotzdem nicht. Womöglich hab ich dann irgendwann das Nachsehen. Menschen brauchen Bilder und Analogien, um sich etwas besser merken zu können. Ein kleines Beispiel soll das belegen. Erstmal bekommen Sie einen Spruch in „digitaler Sprechweise" serviert, für dessen Begriffe Sie noch keine Bilder haben. Versuchen Sie, sich diesen Spruch zu merken, nachdem Sie ihn einmal aufmerksam gelesen haben:

„Sitzt ein Zweibein auf dem Dreibein, isst sein Einbein. Kommt das Vierbein, will dem Zweibein sein Einbein wegnehmen. Da haut das Zweibein mit dem Dreibein das Vierbein."

So, jetzt schließen Sie mal das Buch, und versuchen Sie den Text zu wiederholen. Nein, nicht nachschauen, das gilt nicht. Und? Haben Sie es geschafft? Schwierig, gell!

So, jetzt kommt die analoge Übersetzung hierzu, d.h. ich schaffe mentale Bilder für Sie:

Einbein = Schweinshaxe
Zweibein = Mensch
Dreibein = Barhocker
Vierbein = Hund

Alles klar? Ich wiederhole jetzt nochmal den Spruch:

„Sitzt ein Zweibein auf dem Dreibein, isst sein Einbein. Kommt das Vierbein, will dem Zweibein sein Einbein wegnehmen. Da haut das Zweibein mit dem Dreibein das Vierbein."

Gibt's des? Wie der Bayer sagt. Ja das gibt's, sagt der Froschauer. Ich garantiere Ihnen, dass Sie auch in 10 Jahren diesen Spruch zumindest sinngemäß zustande bringen, da Sie sich die „Bilder" dieser Situation eingeprägt haben. Ihre rechte Hirnhälfte ist jederzeit fähig, Ihnen die entsprechenden Bilder zu liefern.

So, jetzt probieren Sie einmal, den Spruch zu wiederholen.

Und? Sinngemäß hat es hingehauen, oder?

Ein weiteres Beispiel für bildhaftes Lernen ist die **Mnemotechnik**, die es mittlerweile in x-verschiedenen Ausprägungen gibt. Schon die alten Griechen und Römer haben auf solche Techniken zurückgegriffen. „Mneme" aus dem Griechischen bedeutet Gedächtnis und „techne" u.a. Kunst, also kann man Mnemotechnik als „Gedächtniskunst" verstehen. Die Mnemotechnik entwickelt Merkhilfen in Form von Merksätzen, Reimen, Schemen oder Grafiken. Man könnte auch sagen, sie konstruiert Eselsbrücken. So ein kleiner Merksatz, um sich z.b. die Töne der Leersaiten einer Gitarre einzuprägen, ist: „**E**ine **a**lte **D**ame **g**eht **h**eute **e**ssen:" Die Tonfolge der Leersaiten von oben nach unten ist dementsprechend E, A, D, G, H, E.

Nun ein weiteres Beispiel. 10 einzukaufende Produkte einer Einkaufsliste sollen gelernt werden. Legen Sie hierzu 10 Körperpunkte in einer ganz bestimmten Reihenfolge fest, z.b. von unten nach oben, und belegen Sie jedes Körperteil bildhaft mit einem einzukaufenden Produkt. Das könnte dann z.B. so aussehen:

1. Körperteil Zehen; zu merkendes Produkt „ Karotten" → Bild: Stellen Sie sich vor, anstatt Zehen wachsen an ihren Füssen Karotten in oranger Farbe. Können Sie es sich vorstellen?
2. Knie; zu merkendes Produkt: Brot → Ihre Knie sind so weich, als bestünden sie aus Brot. Stellen Sie sich ein „Brotknie" vor.
3. Oberschenkel; Milch → ihre Oberschenkel sind weiß wie Milch
4. Po; Melonen → dieses Bild überlasse ich ihrer Phantasie

Malen Sie ab jetzt ihre eigenen Bilder

5. Bauchnabel; Wein
6. Brüste; Äpfel
7. Schultern; Spaghetti
8. Hals; Schokolade
9. Lippen; Nektarinen
10. Haare; grüner Salat

Verwenden Sie immer die gleiche Reihenfolge von Körperteilen, irgendwann haben Sie sie abgespeichert, und können sie mit beliebigen Begriffen belegen. Vielleicht erinnern Sie sich in 2-3 Monaten noch an diese Übung. Erfahrungsgemäß haben Sie dann immer noch mindestens 80% der einzukaufenden Produkte parat. Hätten Sie die Liste auswendig gelernt, fallen Ihnen meist nicht mehr als 3 Produkte ein.

Führen Sie diese Übung auch mal mit Bekannten durch. Sie lassen sich Produkte des täglichen Bedarfs für eine Einkaufsliste zurufen, konstruieren hörbar ein Bild, und halten strikt die Reihenfolge der zu belegenden Körperteile von unten nach oben ein. Danach lassen Sie jeweils 2 Leute zusammen die Produkte aufschreiben. Sie werden sehen, der Erfolg ist durchschlagend. Außerdem ist es eine Riesengaudi, ein Riesenspaß!

Fazit: Wenn wir zu einem digitalen Begriff eine Vorstellung besitzen, also ein mentales Bild, „be-greifen" wir sofort, wir können es sozusagen „greifen". Ist das nicht der Fall, können wir mit dem Begriff nichts anfangen, und wir versuchen, durch ständiges

Wiederholen uns den Lerninhalt einzutrichtern, ohne ihn wirklich verstanden zu haben. Unlust und Frust entstehen, und wer will das schon.

Malen Sie immer mentale Bilder, versuchen Sie, es sich "vor-zustellen", sozusagen „vor Ihr geistiges Auge zu stellen".

3.3.   Stressbewältigung

Gestresst lernt sich's schlecht. Stress hieß ursprünglich „vor Gefahr fliehen". Urzeitmenschen, die noch in der Höhle hausten, wie z.b. mein Uronkel Eduard, waren teilweise ganz schön gestresst, wenn ein Säbelzahntiger sich in ihrer Höhle breit machte und die fränkische Grünkernsuppe genüsslich ausschlapperte. Was passiert in so einer Situation mit Uronkel Eduard? Die Energiezufuhr zum Gehirn wird erheblich reduziert, weil die Muskeln des Körpers erhöhte Energiezufuhr benötigen, um sich möglichst schnell aus dem Staub zu machen. Unser Gehirn verbraucht (und ich hoffe nicht „verschwendet") sehr viel unserer zur Verfügung stehenden Energie (insbes. Sauerstoff und Glukose). Wenn ihr Körper negativen Stress erfährt, werden die Energiepotenziale in den Muskelaufbau gelenkt. Denken tut man bekanntlich aber mit dem Gehirn und nicht mit den Muskeln, auch wenn da mancher Bodybuilder anderer Meinung sein mag. Wenn Sie also Informationen schnell aufnehmen möchten, sollten Sie Stress weitestgehend vermeiden, damit ihre Energie hauptsächlich dort ist, wo sie in diesem Fall auch hingehört, im Gehirn!

Klassische Maßnahmen zum Abbau von negativem Stress sind z.B.

- Die Muskelentspannung nach Jacobsen: Sie spannen Muskelgruppen gezielt an, atmen dabei ein paar Atemzüge weiter und lassen dann wieder locker.

- Autogenes Training, z.B. in Form von Fantasiereisen
  Fantasiereisen sind imaginative Verfahren und werden in der Regel von einem Sprecher vorgelesen oder erzählt, z.B. von Uronkel Eduard. Es besteht aber auch die Möglichkeit auf Basis schriftlicher Hilfen in Form von Text, Bildern etc. sich auf eine Fantasiereise zu begeben. Im Internet werden viele Fantasiereisen auf dieser Grundlage angeboten. Einen tiefen Ruhe- und Erholungszustand erreichen Sie durch eine entspannte Körperposition, am besten auf dem Rücken liegend mit geschlossenen Augen, durch einen angenehmen und aufmerksamen Sprecher (evtl. auf Tonträger), sowie durch die positiven, angenehmen Bilder, die durch die eigene Fantasie entstehen. Durch einen herabgesetzten Muskeltonus (d.h. die Muskeln kommen zur Ruhe) kommt es zu einer Entspannung auf körperlicher und seelischer Ebene. Der Zuhörer stellt sich Bilder zu den Texten vor, in die möglichst viele angenehme Sinneseindrücke eingebaut sind. Die Sinneseindrücke können verstärkt werden durch angenehme Töne oder Hintergrundmusik und Gerüche. Om.

Eine Fantasiereise besteht in der Regel aus folgenden Phasen:

1. Phase: Sie bereiten die Fantasiereise vor, indem Sie eine angenehme Atmosphäre schaffen, z.B. durch angenehme Gerüche und Hintergrundmusik.

2. Phase: Ruhetönung, d.h. Sie sollen Abstand von der Außenwelt gewinnen und zur inneren Einkehr finden. Sie bzw. der Sprecher auf dem Tonträger teilen Ihrem Körper mit, dass er jetzt Ruhe braucht, um sich auf die eigentliche Fantasiereise vorzubereiten.

3. Phase: Sie hören der meist fiktiven Geschichte (maximal 30 Minuten) zu. Dabei sollten Pausen von 10 Sekunden bis zu 2 Minuten eingebaut sein, damit Sie sich in die mentalen Bilder einfühlen können.

4.Phase: Sie kehren in die Realität zurück durch tiefes Durchatmen, Strecken und Gähnen, und bringen dadurch Ihren Kreislauf wieder auf Vordermann.

5.Phase: Sie spüren dem innerlich Erlebten nach und können (optional) die inneren Bilder zur weiteren Entspannung auf Papier malen.

Klingt doch gut, oder? Wahrscheinlich sind Sie jetzt schon so entspannt, dass Sie keinen Bock mehr haben, weiterzulesen.

Das hier ist aber kein Meditationskurs, sondern ein knallhartes Managementbuch, wie Sie sicherlich schon festgestellt haben. Also jetzt wieder aufhören zum Malen und Träumen und bitteschön weiterlesen.

- Regelmäßiger Sport dient auch zum Stressabbau

- Weitere Möglichkeiten zur Stressbewältigung werden hier nur schlagwortartig aufgeführt:

  - Positive Selbstgespräche (z.B. „ich bin eigentlich gut drauf; na gut, Freundin weg, Job weg, Wohnung gekündigt, null Kohle, leichtes Alkoholproblem, aber es gibt Schlimmeres. Das nenne ich positives Denken!)

  - Abreaktion

    Körperlich: z.B. in einen Sandsack reinhauen, wenn gerade der Chef nicht verfügbar ist.

    Emotional: Sie könnten ja Ihren Lebenspartner mal wieder zur Sau machen, und schon geht's Ihnen besser (nicht alles allzu ernst nehmen, bitte!)

  - Gezielte Lenkung der inneren oder äußeren Wahrnehmung, z.B. den Atem ganz bewusst in bestimmte Körperregionen fließen lassen und nachfühlen

  - Zufriedenheitserlebnisse forcieren (Bummeln oder Fu…)

- Zeit-Management (da lernt es sich doch viel leichter, wenn man sich die Zeit gescheit eingeteilt hat, und danach die Carla auf einen wartet)

3.4. Lernstufen

Wichtig ist es auch, festzulegen, wie tief Sie sich den Lernstoff reinziehen wollen. Hierzu werden folgende Schwierigkeitsgrade beim Lernen unterschieden (Auflistung nach zunehmendem Schwierigkeitsgrad):

- Wissen
- Verstehen
- Anwenden
- Transfer
- Beurteilen/Bewerten
- Kreativität

Nehmen wir als Beispiel mal das Erlernen der hohen Kunst des Skifahrens.

Wissen

Sie kaufen sich ein noch schlaueres Buch als dieses hier übers Skifahren und lernen die Inhalte – natürlich hirngerecht – wie Sie es hirngerecht schon gelernt haben. Jetzt wissen Sie „wie" Skifahren funktioniert.

Verstehen

Das Buch sagt Ihnen zwar, dass Sie hochentlasten sollen, es sagt Ihnen aber nicht „warum". Na ja, wenn man hochgeht wird der Ski entlastet und Sie können ihn leichter drehen. Jetzt wird Ihnen das Skifahren aufgrund dieses Verständnisses schon leichter fallen.

Anwenden

Sie wissen jetzt, wie Skifahren funktioniert, und haben auch verstanden, warum es so funktioniert, aber können Sie deswegen schon Skifahren? Wirklich? Find ich toll! Gescheiter ist es jedoch, sich an den Hang zu stellen und es mal zu probieren. Übung macht den Meister!

Transfer

Sie wundern sich häufig beim Tanzen, dass Sie nicht von der Stelle kommen, bald nur noch alleine auf der Tanzfläche stehen, und alle anderen um Sie herum stehen und sich amüsieren? Na ja, vielleicht sollten Sie es einmal mit Hochentlastung wie beim Skifahren probieren. Sie werden sehen, Sie kommen besser von der Stelle. Übertreiben Sie aber die Hochentlastung nicht, sonst sieht es aus wie die Performance eines Tanzbärs, und die Leute stehen wieder schmunzelnd um Sie herum. Was haben Sie letzten Endes gemacht? Sie haben Ihr Wissen vom Skifahren auf das Tanzen übertragen („transferiert"). Die Intention dieses Buches ist es, Sie bis zu dieser Stufe heranzuführen.

Beurteilen/Bewerten

Wenn Sie jetzt schon Urteile über gute/schlechte Skifahrer abgeben, und diese Urteile auch begründen können, haben Sie eine sehr hohe Lernstufe erreicht. Sie stecken nämlich nicht mehr in der Materie, sondern stehen darüber. Übrigens, Personen „beurteilt" man und Leistungen „bewertet" man.

Kreativität

„Creare" bedeutet ja „Schaffen" (Nicht im Sinne von „Schaffe, schaffe Häusle baue und ned nach de Mädle schaue", sondern im Sinne von „Erschaffen" von etwas Neuem). Die höchste Lernstufe haben Sie erreicht, wenn Sie z.B. einen neuen „Schwung" kreieren können. Ich bin ein solcher Erfinder eines neuen Schwunges, namentlich des „antizipierten Einkehrschwungs".

3.5. Lernhemmungen

„Ich bin im Kopf so blockiert ey, was mach ich nur?"

3.5.1. Ursachen für Lernhemmungen

Im Vorfeld sollten Sie sich überlegen, was mögliche Ursachen für Lernhemmungen sind, um diese dann erfolgreich abbauen zu können.

- Sie lesen sich zu viel auf einmal durch

- Ihre Erinnerung an zurückliegende, stressige Lernsituationen beeinflusst Ihr jetziges Lernen negativ

- Es entstehen wechselseitige Hemmungen bei Ihnen durch aufeinanderfolgende, ähnliche Lerninhalte (das versucht dieses Buch tunlichst zu vermeiden. Aber zwischendurch mal höhere Literatur als dieses Opus (opus = Werk) zu konsumieren, wie z.B. Mickey Mouse, schadet nicht.

- Neues wird nicht gelernt, weil sich Altes bewährt hat

  (auf bayrisch: Mia san mia, stärker wia de Stier, hom ma's erst gestern so gmacht, mach ma's heit a no so = Wir sind wir, stärker wie die Stiere, wir haben es erst gestern so gemacht und machen es heute auch noch so). Ja dann gute Nacht!

- Sie sind stark affektiv erregt, haben z.B. eine unheimliche Wut auf den Autor dieses Buches, gleichzeitig aber Angst etwas von dieser Managementoffenbarung zu verpassen, oder Sie haben ganz einfach Mitleid für die womöglich kranken Gehirnwindungen des Schreiberlings. All diese Gefühle beeinträchtigen natürlich ihre Lernfähigkeit.

- Ermüdung; wer nicht gescheit ausgeschlafen ist, weil er sich beispielsweise die ganze Nacht dieses Buch reingezogen hat, braucht sich nicht zu wundern, wenn er am nächsten Tag lernmäßig nichts mehr zustande bringt. Legen Sie endlich das Buch weg und gehen Sie schlafen, es ist schon 4 Uhr!

- Ernährung; „Du bist, was du isst". Wer den ganzen Tag nur Pizza und Burger, und danach vielleicht Gummibärchen zu sich nimmt, braucht sich nicht zu wundern, wenn der Intelligenzquotient auf das Niveau dieser Speisen sinkt. Sie kennen ja den Spruch: „Blöd wie eine Pizza". Noch nie gehört? Ich auch nicht, aber klingt gut! Wenn Sie gescheit lernen wollen, sollten Sie sich auch entsprechend ernähren. Auch für Prüfungen sind z.B. Nüsse (zum Essen) oder Bananen ausgezeichnete „Hirnnahrung".

3.5.2.   Abbau von Lernhemmungen

Die nachfolgenden Maßnahmen sollen Ihnen helfen, Lernhemmungen abzubauen – oder noch besser – im Vorfeld zu vermeiden.

- Planen Sie Lern- und Erholungspausen mit ein. Ihr Gehirn und Ihr Lebenspartner, falls vorhanden, wird es Ihnen lohnen.

- Übung macht den Meister. Ziehen Sie beispielsweise mal einen Planungsprozess anhand eines selbstgewählten Beispiels durch. Sie wissen noch gar nicht wie der Planungsprozess funktioniert? Tja, dann müssen Sie wohl oder übel weiterlesen.

- Sie haben einen Biorhythmus, den Sie beachten sollten. Beispielsweise passieren in der Produktion zwischen 13.00 bis 17.00 Uhr ein Mehrfaches an Unfällen wie zwischen 8.00 und 12.00. Das liegt einerseits am Biorhythmus, andererseits aber auch am Mittagessen. Das Blut ist nun eben mehr im Magen beschäftigt, wodurch das Oberstübchen weniger mit Blut und damit mit Sauerstoff versorgt wird. D.h. vormittags lernen ist wesentlich effizienter als nachmittags. Deshalb sollten Prüfungen auch nur vormittags stattfinden, liebe Prüfer.

- Entspannungstechniken einsetzen (s. Kapitel 3.3)

- Schließen Sie immer einen Wissensbereich ab, und fangen Sie dann an zu üben. Der Froschauer hat gut reden. Will, dass ich übe, und hat gar keine Übungen im Buch. Sie haben recht, das ist auch kein Übungsbuch (wäre schon wieder eine Idee für ein neues Buch). Es gibt aber jeder Menge Übungsbücher für das Management. Sie können sich beispielsweise auch IHK - Managementklausuren inklusive Lösungen beschaffen. Desweiteren können Sie sich aber auch Situationen ausdenken, und Ihr Wissen auf diese privaten oder betrieblichen Situationen transferieren. In jedem Lebensbereich wird gemanagt!

- Kontrollieren Sie ab und zu Ihren Wissensstand.

- Lernhilfen verwenden wie z.B. Mindmaps (s. unten: Beispiel für Aufgabenbereiche des Managements; ist zwar wegen der Größe kaum zu entziffern, ist aber auch egal, dient ja nur als strukturelles Beispiel für eine Mindmap)

- Machen Sie sich keinen Kopf, wenn Sie etwas nicht sofort kapieren. Irgendwann fällt der Groschen!

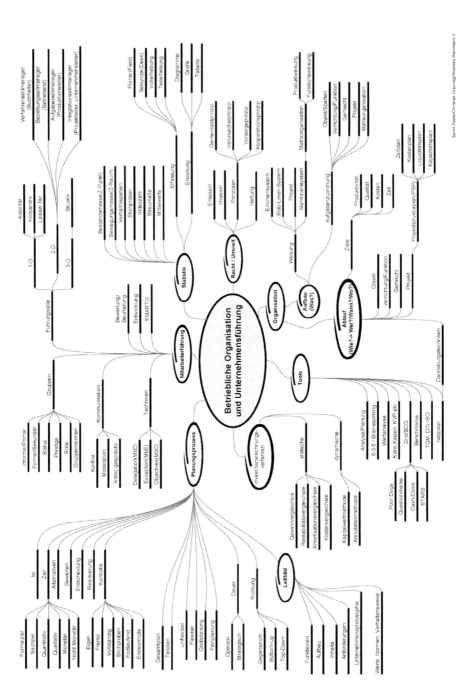

Abbildung 2: Mindmap für Aufgabenbereiche des Managements

4.   Managementkreislauf

Bevor ich Sie mit Detailkram nerve, präsentiere ich Ihnen erst einmal den Managementkreislauf

Plan – Do – Check – Act

für eine bessere Übersicht in Kurzform. Sie sollen ja immer wissen, um was es gerade geht. Nicht dass Sie nach dem Motto arbeiten: "Ich weiß zwar nicht was ich tue, aber das mit voller Kraft". Da kommt nichts dabei raus. Es sollte Ihnen immer klar sein, in welcher Phase des Managementkreislaufs Sie sich gerade befinden. Und ich garantiere Ihnen, Sie befinden sich im wachen Zustand sekündlich in einer dieser Phasen!

Das Phasenschema des Managementkreislaufs kann man unterschiedlich abgrenzen, das Grundschema jedoch ist immer das Gleiche.

Der gesamte Kreislauf kann wie folgt dargestellt werden:

1. Analyse/Prognose Ist-Zustand
a) Lageanalyse

"Wo stehe ich?"

b) Prognose
"Wo werde ich stehen, wenn ich so weiter mache wie bisher?"

2. Ziele setzen (Sollzustand)
„Wo will ich stehen", "Wie soll es sein?"

3. Alternativensuche
„Wie schaffe ich das?", „Wie erreiche ich meine Ziele?"

4. Bewertung
"Mit welchen Alternativen erreiche ich meine Ziele am besten?" (Zielerreichungsgrad der Alternativen).

5. Entscheidung
"Auswahl der Alternative(n) mit dem höchsten Zielerreichungsgrad"

Die Planung ist nun zu Ende. Warum fragen Sie? Nun, Sie wissen was Sie tun, haben es aber noch nicht getan. Was kommt jetzt? Richtig, Sie tun es, Sie realisieren.

6. Realisierung
der Plan wird in die Tat umgesetzt

7. Kontrolle

"Wie sollte es eigentlich sein, und wie ist es tatsächlich?" (= Soll-Ist-Vergleich).

Jetzt sagen Sie natürlich, der Froschauer ist ja bekloppt, der hat ja das "Act" vergessen. Das Steuern kommt natürlich sozusagen als Ringschluss. Wenn z.b. der Soll-Ist Vergleich im Rahmen der Erfolgskontrolle negativ ausgefallen ist, und die Ursache hierfür ausfindig gemacht werden konnte, fließt ja diese Information in die nächste Planung mit ein. Wäre ja auch doof, wenn man den gleichen Fehler immer wieder machen würde. Dadurch hilft uns dieser Ringschluss dabei, ständig besser zu werden.

Das heißt dann im Fachjargon "ständige Optimierung" oder "KVP = Kontinuierlicher Verbesserungsprozess" oder auf Neudeutsch "lessons learned". Das sagen die besonders coolen Manager, die verwenden gerne Englisch, auch wenn's ein deutsches Wort dafür gibt. Na ja, macht halt gleich was her, Hauptsache die anderen verstehen es nicht. Dann bleibt man im Managerkreis unter sich. Die Frage ist nur, will man das?

Jetzt weg vom trockenen Schema F hin zum lebendigen Kurzbeispiel:

Stellen Sie sich vor, Sie sind Teilnehmer in meinem Seminar und ich erzähle etwas über Planung. So, jetzt geht der Managementkreislauf, der hier nur Minuten dauert, los.

Sie haben keine Ahnung, was der Froschauer mit Planung meint (**Analyse Ist-Zustand**), und sind der Ansicht, dass Sie es auch in Zukunft nicht verstehen werden, wenn Sie jetzt nicht aktiv werden (**Prognose**).

Also wollen Sie wissen was Planung eigentlich beinhaltet (**Ziel = Sollzustand**).

Sie suchen nach Alternativen z.B. Sie fragen Ihren Nachbarn. Oder Sie schlagen später in dem klugen Buch vom Froschauer nach, das der Schlaumeier Ihnen gleich zu Beginn angedreht hat. Sie könnten natürlich auch schnell auf Ihrem Handy bei Wikipedia nachschauen, oder Sie fragen den Froschauer einfach mal (**Alternativensuche**).

Als nächstes wägen Sie die verschiedenen Möglichkeiten ab (**Bewertung**),und kommen zu dem Schluss, der Froschauer zockt ja hier meine Kohle ab und liefert nur halbseidene Informationen. Den löchere ich jetzt mal (**Entscheidung**).

So, die Planung („**plan**") ist nun zu Ende.

Sie melden sich ganz anständig, wie es sich für einen seriösen Teilnehmer gehört und grölen nicht durch die Gegend "Hey Knallfrosch, kannst Du dein Gedöse über Planung nochmal normalverständlich rüberbringen, sonst gibt's was ...usw. Der Froschauer erklärt alles nochmal in der gleichen Leier (**Realisierung = „do"**).

Sie checken Ihren Wissensstand und stellen fest, dass Sie genauso schlau wie vorher und schon mächtig sauer sind. SOLL wäre gewesen, Sie wüssten endlich, worum es bei Planung geht, das IST stellt sich jedoch folgendermaßen dar: "Keine Ahnung was mit Planung gemeint ist" (**Kontrolle = Soll-Ist-Vergleich = „check"**)!

Jetzt schließt sich der Kreis, nämlich, „den Froschauer frag ich nie mehr wieder, und in der Pause verlasse ich dieses zweifelhafte Seminar" (**Steuern = „act"**).

Dadurch werden Sie ständig klüger, und vergeuden Ihre Zeit nicht mit fragwürdigen Seminaren (Kontinuierlicher Verbesserungsprozess).

Im Betrieb durchläuft das Management genau die gleichen Phasen.

Jetzt gehen wir mal tiefer in die Materie was manchmal ja gar nicht so schlecht ist.

4.1. Planung

Könnten Sie jetzt, wenn Sie sich die oben aufgezeigten Planungsphasen mal so ansehen, umschreiben, was Planung eigentlich ist?

4.1.1. Begriffsumschreibung Planung

Wenn Sie planen, überlegen Sie sich etwas, das in der Zukunft liegt, d.h. Sie treffen zwar eine Entscheidung, tun es aber noch nicht. Betriebswirtschaftlich definiert ist Planung die **„gedankliche Vorwegnahme von zukunftsorientiertem Handeln"** was soviel bedeutet wie "Sie überlegen sich jetzt, was Sie später tun". Es ist also so eine Art Vorausschau, ein Vordenken der Handlungen, die Sie in der Zukunft tätigen wollen.

4.1.2. Planungsfunktionen

Eine Funktion, was ist das letztlich? Funktionen sind nichts anderes als Aufgaben. Gefragt ist also, welche Aufgaben hat die Planung?

- Zielsicherungsfunktion
  Alle Mittel und Maßnahmen sollen auf die Erreichung der Ziele ausgerichtet sein.

- Informationsfunktion
  Um Ziele und Maßnahmen entwickeln zu können, müssen interne und externe Informationen gewonnen und verarbeitet werden.

- Strukturierungsfunktion
  Zur Gestaltung eines optimalen Gesamtplans müssen alle Teilplanungen wie Einkauf, Produktion, Absatz, Personal usw. aufeinander abgestimmt sein.

- Rationalitätsfunktion
  Es sollen Methoden und Techniken eingesetzt werden, die den Planungsprozess effizient (= wirtschaftlich = rational) unterstützen.

- Optimierungsfunktion
  Es sollen die besten zur Verfügung stehenden Alternativen zur Zielerreichung ausgesucht werden und nicht die „erstbesten".

- Zukunftsorientierungsfunktion
  Es sollen einerseits die Entwicklungen der Zukunft vorweggenommen werden (= Prognose), und andererseits die Erwartungen für die Zukunft formuliert werden (= Ziele).

- Kreativitätsfunktion
  Die Planung soll gewährleisten, dass auch mal neue Lösungsansätze, neue Wege beschritten werden, was für die langfristige Zukunftssicherung des Unternehmens oftmals vonnöten ist.

Hierzu eine kleine **Anekdote**:

Ein Mann geht eine Straße. Er fällt in ein großes Loch und hat unglaubliche Schwierigkeiten wieder heraus zu kommen.
Am nächsten Tag geht er wieder diese Straße, fällt wieder in das Loch, kann sich aber schon wesentlich schneller befreien als am Vortag.
Am dritten Tag geht er erneut diese Straße fällt ins Loch und springt gleich wieder heraus.
Am vierten Tag geht er nochmals diese Straße und geht um das Loch herum.
Am fünften Tag geht er eine andere Straße.

Was will uns diese schlaue Geschichte sagen? Die ersten 4 Tage verbessert sich der Mann ständig, was man auch mit Evolution, oder kontinuierlichen Verbesserungsprozess (KVP) bezeichnen könnte. Am 5. Tag geht der Mann einen anderen Weg, was eher mit Revolution (la revolution = Umwälzung), oder auch Innovation beschrieben werden kann.

Ab und zu müssen Sie auch neue Wege gehen. Das zeichnet u.a. einen guten Manager und ein gutes Unternehmen aus.

- Kontrollfunktion
  Wie Sie bereits wissen, ist eine Kontrolle ein Soll-Ist-Vergleich, man könnte auch sagen ein Planungs-Realitäts-Vergleich. Was habe ich mir in der Planung vorgestellt, und was ist daraus tatsächlich geworden? Nur, wie sollen Sie einen Soll-Ist-Vergleich durchführen, wenn Sie das Soll nicht formuliert haben, also keinen Plan haben? Planung ist somit Voraussetzung für und Vorstufe der Kontrolle.

- Existenzsicherungsfunktion
  Durch das Erkennen zukünftiger Chancen und Risiken ist besser gewährleistet, die Existenz des Unternehmens auch in der weiteren Zukunft zu sichern.

4.1.3. Planungsgrundsätze

Wenn Sie planen, sollten Sie sich an ein paar Grundsätze halten, sonst kommt nur Kraut und Rüben dabei raus. Warum Grundsätze, sagen Sie? Schade um die Zeit? Grundsätze sind zumindest im Unternehmen wichtig, damit eine gewisse Einheitlichkeit, z.B. in der Planung oder Organisation besteht. Wenn da jeder organisiert oder plant wie er will, geht eine einheitliche Struktur verloren, ein Sauhaufen ist die Folge. Die Effizienz des Unternehmens lässt unweigerlich nach. Sie müssen deswegen ja nicht gleich zum Prinzipienreiter werden.

Die Führungskräfte eines Unternehmens jedenfalls sollen sich bei ihren Planungen an Planungsgrundsätzen orientieren. Diese Grundsätze stellen Mindestanforderungen dar. Zu nennen sind insbesondere:

Vollständigkeit

Planung soll alle Bereiche des Unternehmens erfassen, d. h. alle Funktionsbereiche wie Einkauf, Produktion, Absatz, Personal, Investition, Finanzierung. Wenn Sie eine Party planen reicht es ja auch nicht, sich nur zu überlegen, wie viel Bier Sie einkaufen sollen. An Wein und Schnaps müssen Sie da schon auch denken. Hab ich irgendwas vergessen?

Genauigkeit

Planung soll exakt sagen, was erreicht werden soll (Zielsetzungsentscheidungen), und wie die Ziele erreicht werden sollen (Zielerreichungsentscheidungen).

Es reicht z.B. nicht aus zu sagen, ich möchte mehr verdienen, und Sie lassen das auch so beim Chef verlauten. Er wird Ihren Forderungen dann gerecht, und sagt in Ordnung, ab nächstem Jahr gibt es 3 Euro mehr im Jahr. Aus seiner Sicht erfüllt er Ihre Forderung, denn es ist ja tatsächlich mehr. Wäre nicht schlecht gewesen, wenn Sie **genau** gesagt hätten, wie viel „mehr" Sie wollen, z.B. 300 Euro im Monat ab dem nächsten Jahr.

Oder der Chef knallt Ihnen als Vertriebsmitarbeiter ein Ziel vor den Latz mit folgendem Wortlaut: Sie, schaun's mal, dass der Umsatz nächstes Jahr besser wird. Sie machen 12,50 Euro mehr Umsatz, Ziel erreicht! Wird der Chef zufrieden sein? Sicherlich nicht. Selber schuld, wenn er als Führungskraft unfähig ist ein genaues Ziel zu formulieren.

Wie Sie Ziele richtig formulieren ist im Kapitel 4.1.8 beschrieben.

Flexibilität

Planung soll sich an interne und externe veränderte Bedingungen anpassen können.

Es ändert sich ja ständig alles. Auf einmal ist ein Kind da, die Wohnung reicht nicht mehr aus, der sportliche Zweisitzer hat im Kofferraum nur Platz für eine Handtasche und einen Kasten Bier, aber nicht für ein Kind. Ja, da muss man flexibel sein und umdenken („umplanen") können. Im Betrieb ist das nicht anders. Neue Gesetze, Technologien, Wertvorstellungen Ihrer Kunden usw. erfordern entsprechende Anpassungen der Planung an die veränderte oder sich verändernde Umwelt.

Einfachheit und Klarheit:

Planung soll für alle Beteiligten einfach nachvollziehbar sein.

Auch der Kollege Schmidt soll kapieren, was das Unternehmen nächstes Jahr und auch in der weiteren Zukunft so vorhat.

Wirtschaftlichkeit:

Wie alle Managementaufgaben soll auch die Planung effizient erfüllt werden, d.h. ein positives Kosten-Nutzen-Verhältnis widerspiegeln („sie soll mehr bringen als sie kostet").

Nicht, dass es heißt, Sie machen die Planung, und die anderen das Geschäft. Man sollte schon schauen, dass man irgendwann mit der Planung fertig ist, denn Zeit ist Geld. Sie sind womöglich immer noch dabei das Produkt zu planen, und die Konkurrenz hat ein vergleichbares Produkt schon auf den Markt gebracht.

4.1.4. Planungssystematik

Die Planung in einem Unternehmen läuft im Grunde genauso ab wie im privaten Leben. Menschen haben bestimmte Werte, d.h. Dinge, die erstrebenswert sind, in sich wertvoll oder moralisch als gut betrachtet werden, und damit den Menschen wichtig sind.

Auch das Unternehmen lässt sich von bestimmten Wertvorstellungen, Normen und Einstellungen leiten, und fasst diese Werte im sogenannten Unternehmensleitbild zusammen.

Aufgrund dieser Wertvorstellungen leiten Menschen bestimmte Ziele für ihr Leben ab. Einer möchte insbesondere wohlhabend werden, der andere einfach nur zufrieden sein und wieder ein anderer möchte sich im Leben persönlich weiterentwickeln. Das Unternehmen leitet aus dem Leitbild Ziele wie beispielsweise Existenzsicherung, Marktanteile, Gewinn, jederzeitige Zahlungsfähigkeit, Image, Kundenzufriedenheit und Mitarbeiterzufriedenheit ab.

Ziele kann man jedoch nicht ohne eine entsprechende Informationsbasis formulieren. Genau wie im privaten Leben ein Mensch seine Stärken und Schwächen sowie sein Umfeld analysiert, versucht auch das Unternehmen seine Stärken und Schwächen im Rahmen einer Unternehmensanalyse, sowie die Faktoren der Umwelt wie beispielsweise die Beschaffungsmärkte und die Absatzmärkte, sowie rechtliche, politische, technologische, ökonomische und soziale Umweltfaktoren zu analysieren. Ist die Informationsbasis geschaffen, können Ziele wie oben beschrieben, formuliert werden.

Nächster Schritt ist es, sich zu überlegen, wie man diese Ziele grundsätzlich erreichen kann. Menschen überlegen sich beispielsweise, ob sie heiraten und Kinder haben wollen, sich kaufmännisch oder technisch ausbilden lassen sollen, um ihre Lebensziele zu erreichen. Diese grundsätzlichen Entscheidungen werden als strategische Entscheidungen bezeichnet. Im Unternehmen läuft das nicht anders. Unternehmen überlegen sich beispielshalber, ob sie eher mit einem niedrigen Preis oder mit hoher

Qualität die Märkte stimulieren sollen, ob sie weltweit oder nur national agieren wollen, ob sie auf Technologie X oder auf Technologie Y setzen sollen.

Sind die richtigen Wege (= Strategien) gefunden worden, sollte der Mensch bzw. das Unternehmen diesen Weg auch richtig gehen. Hierzu müssen operative Entscheidungen getroffen werden. Der Mensch überlegt sich z.B., welche Kurse er konkret belegen soll, um den Weg „kaufmännische Ausbildung" richtig zu gehen, und wählt einen zielführenden IHK-Kurs. Auch das Unternehmen muss konkrete Entscheidungen in den Funktionsbereichen Einkauf, Produktion, Forschung & Entwicklung, Vertrieb, Personal, Investition, Finanzierung etc. treffen.

Sowohl die strategische als auch die operative Planung bedürfen der Informationen aus der Unternehmens- und Umweltanalyse.

Diese Überlegungen auf den Punkt gebracht können wie folgt dargestellt und formuliert werden:

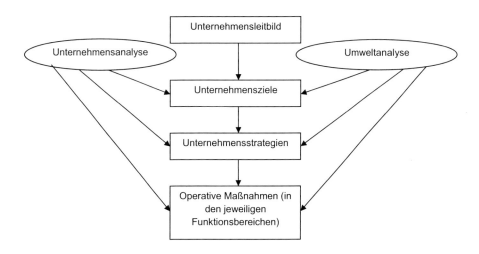

Abbildung 3: Planungssystematik

Unternehmensziele werden aus dem **Unternehmensleitbild** („Metazielebene", „Wertvorstellungen") abgeleitet und basierend auf den Daten der **Analyse und Prognose des Ist-Zustandes** (Unternehmens- und Umweltanalyse) konkretisiert. Aus den Unternehmenszielen werden grundsätzliche Maßnahmen zur Zielerreichung (= **Strategien)** abgeleitet und hieraus wiederum konkrete **(= operative) Maßnahmen**. Sowohl die strategische als auch die operative Planungsebene bedürfen wiederum der Informationen aus der Unternehmens- und Umweltanalyse.

Ja so ist das. Jetzt nochmals ein bisschen einfacher für den Privatbereich, damit Sie erkennen, dass es in allen Lebensbereichen immer nach dem gleichen Schema abläuft, auch wenn ich mich da wiederhole. Wenn Sie so eine Art Lebensplanung durchziehen, haben Sie bestimmte Wertvorstellungen für Ihr Leben, d.h. Sie überlegen sich, was ist mir wichtig im Leben. Daraus leiten Sie bestimmte Lebensziele ab. Der eine möchte z.B. reich werden, die andere möchte mit ihrem Dasein einfach nur zufrieden sein und Sie möchten beides. Jetzt müssen Sie sich überlegen, wie Sie das grundsätzlich erreichen. Sie müssen strategische Entscheidungen treffen wie z.B. Single bleiben oder eine Beziehung eingehen, um dann gemeinsam Probleme zu lösen, die Sie alleine vielleicht gar nicht hätten. Andererseits, denken Sie an die vielen einsamen Nächte! Da muss man abwägen. Wenn Sie mittlerweile grundsätzlich wissen, wo es lang gehen soll, müssen Sie jetzt ein wenig konkreter werden und sagen, wie Sie den eingeschlagenen Weg, z.B. „Beziehung eingehen" meistern wollen. Beispielshalber jeden Tag nett sein zum Partner, Blumen mitbringen, Lieblingsessen kochen und das 7 mal die Woche, eben Friede, Freude, Eierkuchen. Die ganzen Ziele und Maßnahmen können Sie aber nicht formulieren ohne eine entsprechende Informationsbasis. Sie sollten sich über Ihre Fähigkeiten, d.h. Stärken und Schwächen klar sein (entspricht Unternehmensanalyse), und den „Lebenspartnermarkt" und die Konkurrenz, vornehmlich Porschefahrer, richtig einschätzen (entspricht Umweltanalyse).

So, obiges Schaubild zerlegen wir in den folgenden Abschnitten Schritt für Schritt.

4.1.5.   Unternehmensleitbild

Nehmen Sie die Überschrift einmal wörtlich und versuchen Sie einen Satz daraus abzuleiten. Dann könnte dabei rauskommen „das Bild, von dem sich das Unternehmen leiten lässt". Vorerst sollten aber ein paar Begriffe geklärt werden, die mit dem Unternehmensleitbild zwar nicht gleichgesetzt werden können, aber mit ihm in Zusammenhang stehen.

4.1.5.1.   Unternehmensethik

Waren Sie mal im Ethik-Unterricht? Um was ging es denn da? Um gutes Handeln hauptsächlich? Ja, das soll auch jeder Mensch, und natürlich auch eine Ansammlung von Menschen wie z.B. ein Unternehmen. Wir wollen doch in einer guten Welt leben. Ja, ich weiß, die Welt ist nicht gut, aber Sie können sie durch Ihr verantwortliches Handeln besser machen. „Für den Triumph des Bösen reicht es, wenn die Guten nichts tun" hat Edmund Burke einmal gesagt. Recht hat er. Wenn man die Welt auch nur in einer Kleinigkeit besser macht, wird sie doch auch insgesamt besser, oder nicht?

Die Unternehmensethik fragt nach Kriterien, Normen und moralischen Grundsätzen für gutes Handeln im Unternehmen, im Klartext: Was zeichnet gutes Handeln aus?

Ethik macht sich Gedanken darüber, warum Menschen etwas tun, und was die Folgen ihres Tuns sind, und ob dann auch was Gutes dabei rauskommt. Ethik analysiert kritisiert, begründet und bewertet Handlungen (ähnlich wie ein Oberschullehrer).

Ethik versucht aus dieser Bewertung heraus ein weitgehend allgemeingültiges System von Normen und Werten zu entwickeln und versucht zugleich zu begründen, warum es sinnvoll ist, sich an diese Normen und Werte zu halten. Sie wissen schon, wie schwer das ist, ein global allgemeingültiges System aufzustellen, das alle als gut empfinden. Chinesen, Deutsche, Türken, Amerikaner haben oftmals unterschiedliche Vorstellungen von dem, was als gut anzusehen ist.

Hier müssen wir doch mal den Immanuel bemühen. Kennen Sie nicht? Immanuel heißt mit Nachnamen Kant, und er hat sich viel mit Ethik beschäftigt. Der Immanuel Kant, ein deutschsprachiger Philosoph der Aufklärung des 18. Jahrhunderts hat neben vielen anderen sehr klugen Sprüchen mal folgenden Satz losgelassen:

> **„Handle nur nach derjenigen Maxime, durch die du zugleich wollen kannst, dass sie ein allgemeines Gesetz werde."**

„Verstehe Bahnhof", so ging es zumindest mir, als ich das erste Mal mit dem Satz konfrontiert wurde. Dann, mit ein bisschen Nachdenken kam ich zu folgender Interpretation:

Kant möchte, dass wir bei unseren Handlungen überlegen, „was würde passieren, wenn das jeder tun würde". Wäre das zum Wohle der Menschheit oder eben nicht. Wenn der Wille gut ist, wir also glauben, dass mögliche Handlungen auch für das Umfeld positive Auswirkungen haben, dann ist auch die Handlung moralisch gerechtfertigt. Der Wille zum Guten allein ist das, was zählt.

„Ich hab's doch nur gut gemeint, als ich der alten Frau die Handtasche genommen habe, sie hatte doch so schwer zu tragen", ist allerdings eine Fehlinterpretation von Immanuels Philosophie.

Wäre es z.B. gut, wenn wir ungeklärtes Abwasser in den Rhein leiten würden? Für die r(h)ein gewinnorientierten Aktionäre des Unternehmens würde es sich kurzfristig womöglich positiv auswirken, da Kosten eingespart und damit der Gewinn gesteigert werden würde. Langfristig sicherlich nicht, weil irgendjemand kommt diesem Unternehmen auf die Schliche, und dann ist Schluss mit lustig. Absolut unlustig ist es auf jeden Fall für die Fischer und die Kinder, die im Rhein baden. Und jetzt stellen Sie sich vor, jedes Unternehmen am Rhein würde das machen. Für die Allgemeinheit hat dieses Verhalten extrem negative Auswirkungen. So ein Unternehmen am besten gleich zusperren und die Verantwortlichen einknasten.

Ja, nach dem „kategorischen Imperativ" (so nennt sich der Spruch von Kant) sollten Sie und Ihr Unternehmen handeln, dann kriegen wir vielleicht doch noch eine heile Welt.

An dieser Stelle möchte ich mal einen kleinen philosophischen Exkurs wagen, der mir am Herzen liegt.

Noch vor wenigen Jahrzehnten, hat sich die Lehre der Vorherrschaft des Eigeninteresses gehalten. Viele haben geglaubt und glauben immer noch, dass wir uns nur deswegen nicht gegenseitig die Köpfe einschlagen, weil die Gesellschaft insbesondere durch die exekutive, legislative und judikative Gewalt, sowie durch entsprechende Erziehung unseren Eigennutz einbremst. Würden wir unserer Natur folgen, gingen wir aus reinem Eigeninteresse über „Leichen", so die Meinung einiger Zeitgenossen. Alles, was sich unserem Ego in den Weg stellt, erregt unsere Wut und unseren Hass. Es möchte in hedonistischer Weise alles haben, "I'm the best, forget the rest", alles für sich und nichts für die anderen. Auch die klassische Wirtschaftslehre schaffte das Bild des "Homo oeconomicus", der keine Moral kennt, und lediglich abwägt, was seine Handlungen bringen und was sie kosten (Kosten-Nutzen-Verhältnis). So die weitläufige Meinung früherer Zeiten. Heute wissen wir mehr. Wer glaubt, dass Altruismus unweigerlich mit der Auslöschung der eigenen Existenz oder zumindest mit einer erheblichen Verschlechterung der eigenen Situation verbunden wäre, täuscht sich. Auch die Meinung, Menschen seien gutherzig, weil Sie unter dem Deckmantel des Altruismus eine Verbesserung der eigenen Situation anstreben, ist meines Erachtens nicht haltbar. Ist es Ihnen noch nie so ergangen, dass wildfremde Menschen, Hilfe anbieten, ohne Aussicht auf eine materielle oder immaterielle Belohnung? Liest man nicht täglich in der Presse, dass Menschen uneigennützig ihr Leben riskierten, um anderen, fremden zu helfen? Flutkatastrophe 2013 in Niederbayern: Hunderte von Helfern engagierten sich, ohne Rücksicht auf den eigenen Nutzen. Hat Herr Snowden die NSA aus Eigennutz auffliegen lassen? Selbstlosigkeit wird in der Gesellschaft als etwas Gutes empfunden, Selbstsucht als etwas Negatives, und das ist doch gut so, sonst könnten wir auf der Welt gleich das Licht ausmachen.

Dass viele Menschen altruistische Handlugen nicht erkennen, und deswegen glauben, dass der Egoismus regiert, liegt vielleicht auch daran, dass Menschen „Geschehenes" wesentlich besser erkennen und stärker bewerten wie "Nicht-Geschehenes". Altruismus zeigt sich doch auch schon daran, dass wir darauf ausgerichtet sind, anderen keinen Schaden oder Leid zuzufügen. Diese „Nicht-Handlungen" werden nicht erkannt und entsprechend auch nicht honoriert. Menschen haben wenig Sinn für das (positive) "Nicht-tun", aber einen ausgeprägten Sinn für das Vorhandene, das was sich ereignet hat. Wehe, wenn beispielsweise dieses Gebot, anderen keinen Schaden zuzufügen, verletzt wird, also eine sichtbare (negative) Handlung erfolgt. Dann geht Gott und die Welt auf die Barrikaden und klagt dieses Unrecht an.

Sicherlich sind wir zum Teil instinktiv auf das eigene Überleben und das unserer Gene ausgerichtet. Der andere Teil in uns hat einen angeborenen Sinn, der aus dem Bauch, aus dem Herzen kommt, der zwischen Gut und Böse unterscheiden kann.

Was ich damit sagen möchte, so schlecht ist die Welt nun auch wieder nicht, und beende damit meinen kleinen Exkurs.

Jean-Paul Thommen formuliert für die Unternehmensethik folgende **Aufgaben**:

(1) Beschreibung der Normen und Regeln, nach denen sich Führungskräfte ausrichten sollen

(2) Umschreibung ethischer Problemstellungen, denen sich ein Unternehmen gegenübersieht

(3) Beurteilung des Unternehmensverhaltens und Begründung, warum dieses ethisch gut oder schlecht ist

(4) Aufzeigen der Konsequenzen für das unternehmerische Handeln

(5) Zurverfügungstellung von Konzepten und Instrumenten, mit welchen ethische Probleme analysiert und gelöst werden können

4.1.5.2. Unternehmenskultur

Die Unternehmensethik analysiert, kritisiert, begründet und bewertet die Unternehmenskultur.

Was ist dann die Unternehmenskultur? Das sind die **gelebten** Werte eines Unternehmens. Da geht es nicht um die Beurteilung irgendeines Verhaltens, sondern, welche Verhaltensweisen legt das Unternehmen gegenüber den internen und externen Stakeholdern (= Interessengruppen = Anspruchsgruppen wie z.B. Mitarbeiter, Kunden) tatsächlich an den Tag? Es geht also um das **tatsächliche** Handeln des Unternehmens.

Wenn Sie mal die chinesische mit der bayrischen Kultur vergleichen, werden Ihnen klitzekleine Unterschiede auffallen. Das geht schon los in der Art zu kommunizieren. Und damit meine ich nicht, dass die Sprache Chinesisch anders ist, sondern dass Chinesen Dinge einfach anders ausdrücken (wie z.B. Toilette = „Ort der inneren Glückseligkeit"). Weiterhin zeigt sich das in den Umgangsformen (Chinesen sind sehr höfliche Leute) und auch in den Ritualen. Bei einer chinesischen Hochzeit wird beispielsweise nur in Ausnahmefällen „geschuhplattelt".

So wie es Unterschiede zwischen den Kulturen der Länder gibt, so sind auch die gewachsenen Kulturen der Unternehmen verschieden.

Wie hängt jetzt die Unternehmenskultur mit der Unternehmensethik zusammen? Das tägliche (tatsächliche) Handeln im Unternehmen sollte natürlich geprägt sein von ethisch positiven Einflüssen.
Unternehmenskultur bezeichnet die Entstehung, Entwicklung und den Einfluss kultureller Aspekte innerhalb von Unternehmen.

Sie ist ein **unternehmensbezogenes** Wertesystem von Vorstellungen, Orientierungsmustern, Verhaltensnormen, Denk- und Handlungsweisen eines Unternehmens, das bereits gelebt wird.

Kultur ist ein beschreibender Begriff, der die **tatsächlich vorhandenen** Erscheinungen erfasst, ohne sie als gut oder schlecht, hochstehend oder niederwertig, kultiviert oder primitiv zu bewerten. Kultur bewertet nicht, sondern ist einfach da, ist irgendwann entstanden, dann gewachsen und sieht heute so aus, wie sie eben ist.

Die Kultur eines Menschen geht mit seiner Persönlichkeitsentwicklung einher. Ein gescheiter Mann, dessen Name mir entfallen ist hat mal gesagt: „Am Geld verdienen kann man die Intelligenz eines Menschen erkennen, am Geldausgeben seine Kultur," oder so ähnlich.

4.1.5.3. Unternehmensphilosophie und Unternehmensleitbild

(a) Begriffsbestimmung

Haben Sie eine Philosophie nach der Sie leben? Eine Weltanschauung? Ein Wertesystem? Dacht ich's mir. Genauso ist es bei einem Unternehmen.

Die **Unternehmensphilosophie** ist der Ausgangspunkt des wirtschaftlichen Handelns und kann als „Weltanschauung" des Unternehmens gesehen werden. Die Unternehmensphilosophie will

- das Unternehmen im wirtschaftlichen und gesellschaftlichen Umfeld positionieren und
- die Zwecke, Werte, Normen, Verhaltensweisen, Einstellungen, denen sich das Unternehmen verpflichtet fühlt, offenlegen.

Das **Unternehmensleitbild** dient der schriftlichen Verankerung der Unternehmensphilosophie.

Warum sollte man das Unternehmensleitbild formulieren und schriftlich verankern? Früher gab es noch Unternehm**er**leitbilder, z.B. den Herrn Siemens, Sie und den Herrn Froschauer, denen man sein Vertrauen schenkte. Gibt es heute bei größeren Unternehmen einen Unternehmer? In der Regel gehört ein Unternehmen einer Vielzahl von Unternehmern, z.B. bei einer Aktiengesellschaft den Aktionären. Kennen Sie alle Aktionäre von Siemens und deren Vertreter namens Vorstände, denen Sie Ihr Vertrauen entgegenbringen können? Ich nicht! Deswegen ist es doch nicht schlecht, wenn das Unternehmen sich mal überlegt, wofür es steht, das schriftlich zu Papier oder in den Computer bringt, und allen interessierten Stakeholdern (= Interessengruppen) offeriert. Das Ganze nennt sich dann eben Unternehm**ens**leitbild oder Missions & Visions oder ähnliches. Vielleicht noch kurz zu Vision und Mission.

Die Vision drückt die unternehmerische Leitidee aus, die Aussagen zur künftigen Entwicklung des Unternehmens beinhaltet. Es handelt sich um das „perspektivische" Gesamtziel des Unternehmens. Man könnte auch sagen, die Vision ist ein ambitioniertes Zukunftsbild, das motivierend wirkt und erstrebenswert ist.

Die Mission beschreibt den Zweck und den Gegenstand des unternehmerischen Handelns und hat damit eher Aufgabencharakter. Sie steht damit in einer Mittel-Zweck-

Beziehung zur Vision. „Was muss das Unternehmen alles tun (Mission), um diese Vision umzusetzen?"

Worin besteht jetzt der Unterschied zur Unternehmenskultur? Während die Unternehmenskultur der Inbegriff für die gelebten Werte ist, also den **Ist**-Zustand ausdrückt, beschreibt das Unternehmensleitbild die **Soll**-Identität des Unternehmens. Zwischen dem Soll und dem Ist besteht i.d.R. eine Diskrepanz. Kein Unternehmen wird jemals sein Leitbild zu 100% umsetzen können, aber dadurch, dass es auf dem Weg dorthin ist, wird es von Tag zu Tag besser. Darum geht es! Hierzu ein Auszug aus dem Führungsleitbild von BMW:

„Führungskräfte entwickeln effiziente Teams. Sie fordern und fördern, damit starke wie schwache Mitarbeiter zu ihrer höchsten Leistung im Team geführt werden. Gute Führungskräfte fördern besonders jene Mitarbeiter, die sie selbst „überholen" könnten."

Quelle:http://www.bmwgroup.com/d/0_0_www_bmwgroup_com/unternehmen/ publikationen/aktuelles_lexikon/_pdf/Wir_bei_BMW_A4.pdf, 27.1.2014

Glauben Sie wirklich, dass die meisten Führungskräfte sich gerne überholen lassen? Wenn Sie ehrlich sind, lassen Sie sich doch auf der Autobahn schon ungern überholen. Und dann auch noch im Job? Da gehört schon eine gehörige Portion persönliche Größe dazu, die definitiv nicht jeder hat. Aber warum schreibt dann dieses Unternehmen so etwas in das Leitbild? Weil sich die Führungskräfte damit mental auseinandersetzen, und damit ist ja schon etwas gewonnen! Dadurch wird das Unternehmen von Tag zu Tag besser. Das ist der Sinn der Sache!

Auf der Basis des Ist-Zustandes des Unternehmens und einer gesamtheitlichen Vorstellung von der Kompetenz des Unternehmens hat die Unternehmensführung eine Kursbestimmung vorzunehmen. Man kann das Leitbild als eine Art „Kursbuch" des Unternehmens bezeichnen („wo soll's lang gehen").

Alle Unternehmensziele und Strategien orientieren sich am Leitbild.

Es hat z.B. die grundsätzliche Frage zu beantworten, ob mit der bisherigen Geschäftstätigkeit die Unternehmensexistenz gesichert werden kann, oder ob eine neue Markt- und Technologieposition bezogen werden soll. Möchte das Unternehmen beispielsweise nach wie vor die bestehenden Produkte an die bestehenden Zielgruppen absetzen, oder auch neue Wege gehen?

Das Leitbild ist auch Führungs- und Motivationsinstrument und soll daher auch Aussagen über die Stellung des Unternehmens in der Gesellschaft und die Rolle der Mitarbeiter enthalten.

Es soll die Verhaltensweisen gegenüber wichtigen Stakeholdern wie Kunden, Lieferanten, Kapitalgebern etc. beinhalten, und Aussagen über die Einstellung der Unternehmung zur Qualität, Umwelt und evtl. Technologie enthalten.

Der Zweck eines Leitbildes ist somit

(1) eine Kursbestimmung,

also eine klare Ausrichtung des Unternehmens, mit deren Hilfe die nachfolgenden strategischen Entscheidungen kanalisiert werden, und besitzt

(2) eine Innen- und Außenorientierung

Es definiert somit die Beziehungen innerhalb der Unternehmung, wie z.b. das Führungskräfte-Mitarbeiter-Verhältnis (Innenorientierung), und die Beziehungen zu den anderen Gruppen im Umfeld wie z.b. Kunden, Lieferanten, Kapitalgeber, usw. (Außenorientierung).

(b) Anforderungen an das Leitbild

Ein Leitbild soll folgenden Anforderungen gerecht werden:

- Es muss gelebt werden können (sonst ist es das Papier oder den Speicherplatz nicht wert)

- Es soll kurz und prägnant sein (keine Romane)

- Es soll nicht geheim, sondern im ganzen Unternehmen und bei den interessierten externen Stakeholdern bekannt sein. Die Veröffentlichung auf der homepage des Unternehmens wäre angebracht.

- Es integriert die Unternehmensfunktionen und stärkt den Blick fürs Ganze. Gerade ein Unternehmen mit vielen verschiedenen Geschäftsbereichen, wie z.B. Siemens läuft leicht Gefahr sich zu verzetteln. Nehmen wir mal die 2 Sparten Haushaltsgeräte und Medizintechnik. Die Beschaffungsmärkte sowie die Absatzmärkte beider Unternehmensbereiche sind völlig unterschiedlich strukturiert, was natürlich auch unterschiedliche Vorgehensweisen bedingt. Den Käufer einer Waschmaschine im Konsumgüterbereich müssen Sie selbstverständlich anders bearbeiten als den Käufer von medizintechnischen Geräten, wie z.B. Krankenhäuser oder Arztpraxen. Und trotzdem sollen beide Käufergruppen die gleichen Wertvorstellungen mit dem Unternehmen verbinden. Ist gar nicht mal so leicht, das zu erreichen. Dem Käufer einer Waschmaschine verklickern Sie, dass er mit dieser Waschmaschine weiß wäscht, „weißer geht's nicht". Dem Arzt erzählen Sie, dass er mit Ihrem Gerät die Riesen-Honorare verlangen kann (auch wenn ihm da die Krankenkassen einen Strich durch die Rechnung machen). Das sind völlig unterschiedliche Klientelen, die aufgrund ihrer unterschiedlichen Vorgehensweisen möglicherweise unterschiedliche Wertvorstellungen mit Ihrem Unternehmen verbinden.

(c) Funktionen des Leitbilds

Welche **Aufgaben** (Funktionen) hat ein Leitbild?

- **Legitimationsfunktion**
  Das Leitbild soll das Handeln des Unternehmens nach innen und außen rechtfertigen. Wenn beispielsweise einem Kunden oder einem Mitarbeiter das

Handeln des Unternehmens auf den ersten Blick nicht einleuchtet, dieses Handeln aber mit dem Leitbild konform geht, kann sich das Unternehmen darauf berufen, vorausgesetzt, es entspricht grundsätzlich den ethischen Vorstellungen der Allgemeinheit.

Ein anderes Beispiel:
Der Vertriebsleiter weist Sie an, dem Kunden ein Auto vor die Tür zu stellen, um den Auftrag zu erhalten. Im Leitbild steht jedoch: „Wir lassen uns auf keinerlei Korruption ein". Dann können Sie dem Vertriebsleiter entgegnen: „Herr Korup, wenn Sie unser Leitbild einmal kurz durchgelesen hätten, wüssten Sie, dass Bestechung nicht im Sinne des Unternehmens ist." Gleichzeitig drohen Sie ihm natürlich an, ihn bei der Unternehmensleitung anzuschwärzen, und haben dadurch eine nicht unerhebliche Chance, selbst Eigentümer des Bestechungsobjekts zu werden. „Keine Festung ist so stark, dass Geld sie nicht einnehmen kann", hat Cicero einmal gesagt. Aber bitte nicht in Ihrem Unternehmen, sonst haben wir bald Strukturen hierzulande wie in einigen Bananenstaaten.

- **Motivationsfunktion**
  Das Leitbild soll die Identifikation des Mitarbeiters zum Unternehmen erhöhen (= Corporate Identity). Der Mitarbeiter soll sich mit den Wertvorstellungen des Unternehmens identifizieren können. In der Realität ist es natürlich so, dass sich die meisten Mitarbeiter nicht mit allen Inhalten des Leitbilds in vollem Umfang identifizieren können. Wenn der Mitarbeiter aber sagt, dass es im Großen und Ganzen okay ist, hat das Leitbild seinen Zweck nach innen erfüllt.

- **Orientierungsfunktion**
  Das Leitbild hat eine handlungsleitende Funktion beim Mitarbeiter. Er richtet seine täglichen Aktivitäten am Leitbild aus. Er muss sich nicht jedesmal fragen, darf ich das oder nicht? Ist das im Sinne des Unternehmens? Soll ich das vom Vertriebsleiter aufgedrängte Auto annehmen oder nicht?

- **Integrationsfunktion**
  Das Leitbild soll das „Wir-Gefühl" fördern."Wir sind eine große Familie", „Gemeinsam sind wir stark" soll das Leitbild vermitteln. Interessant ist, dass bestimmte Personengruppen in der Öffentlichkeit ein „Wir-Gefühl" entwickeln ohne so ein Leitbild zu haben, wie z.B. die Fußballfans. Kommt es beispielsweise zu einer Auseinandersetzung zwischen Bayern-Anhängern und Sechzger-Fans (1860 München) wird anständig geknüppelt, und jeder knüppelt im Sinne des Wir-Gefühls mit. Seltsam, was da abläuft, oder? Solche Phänomene werden dann von Soziologen als gruppendynamische Prozesse bezeichnet. Das sollte natürlich nicht so weit führen, dass Sie im Unternehmen diese Verhaltensweisen übernehmen, und beispielsweise die Außendienst-Mannschaft der Konkurrenz oder deren Kunden mittels eines eigens dafür

aufgestellten schlagfertigen Teams verdreschen. Das stärkt zwar das Wir-Gefühl ist aber nicht unbedingt im Sinne des Unternehmens, es sei denn, das Unternehmen ist braun angehaucht.

(d) Leitsätze

Unternehmensleitsätze:

Sie umfassen die allgemeinen Unternehmensgrundsätze, wie die Einstellung zu Kunden, Umgang mit den Mitarbeitern und (gewünschtes) Selbstverständnis der Mitarbeiter, Umgang mit Mitbewerbern usw. und stellen eine Art „Verhaltenskodex" dar.

Bevor ich hier weiter rum labere, präsentiere ich ihnen einfach mal einen Auszug aus dem Mitarbeiterleitbild von BMW, eines der bestgeführten Unternehmen Europas.

Vorwort (Präambel):
„Die Mitarbeiter bestimmen den Erfolg unseres Unternehmens. Damit die BMW-Group weiterhin erfolgreich sein kann, muss jeder Einzelne seine Fähigkeiten und Leistungen im Sinne des Unternehmens einbringen und ständig weiterentwickeln. Dabei ist der Umgang miteinander von Wertschätzung, gegenseitigem Verständnis sowie von Offenheit und Fairness geprägt."

Die Soll-Identität des Mitarbeiters wird wie folgt formuliert
(**Erweitertes Leitbild**):
- „Ich bringe mein Wissen ständig auf den neuesten Stand"
- „Ich erweitere ständig meine Fähigkeiten und Fertigkeiten"
- „Ich fordere Zielvereinbarungen und trage die Verantwortung für meinen Beitrag zur Zielvereinbarung"
- „Ich trage die Verantwortung für mich selbst, insbesondere für meine Gesunderhaltung und meine berufliche Weiterbildung"
- „Ich bringe meine individuellen Fähigkeiten ein"
- „Ich übe konstruktiv Kritik"
- „Ich habe den Mut, auch unkonventionelle Ideen einzubringen"
- „Ich bin bereit, manchmal als Solist, manchmal als Gruppenspieler, aber immer als Teil des ganzen „Orchesters" zu handeln"
- „Ich unterstütze und lasse mich unterstützen"
- „Ich höre zu und sage nicht sofort: „Das geht nicht""
- „Ich sitze Veränderungen nicht aus, sondern nehme aktiv daran teil"
- „Ich bin bereit, mich selbst und das, was ich tue, zu hinterfragen"
- „Ich akzeptiere, dass gegenseitige Unterstützung eine Selbstverständlichkeit ist"
- „Ich bin bereit, lebenslang zu lernen"

Aus dieser Sollidentität lassen sich sechs Leitsätze ableiten, welche die gültige Kernvision des Unternehmens bilden (**Kernleitbild**):

(1)   „Beste Ergebnisse durch dauerhaft hohe Leistung erzielen"
(2)   „Verantwortung für seinen persönlichen Beitrag zum Erfolg des
       Unternehmens übernehmen"
(3)   „Mitdenken und Mitgestalten"
(4)   „In unterschiedlichen Arbeits- und Organisationsstrukturen
       zusammenarbeiten"
(5)   „Veränderungen als Chance, und nicht als Gefahr empfinden"
(6)   „Flexibilität beweisen und sich ständig weiterbilden"

Nachwort:
„Das Mitarbeiterleitbild der BMW Group gilt für alle Mitarbeiter, unabhängig von
Aufgabe und Hierarchie. Es unterstützt unser Ziel, dass sich die BMW Group auch in
Zukunft auf engagierte Mitarbeiter verlassen und somit Qualität und
Technologieführerschaft gewährleisten kann. Die sechs Leitsätze bilden die
allgemeingültige Kernversion. Diese werden durch variierbare kulturspezifische
Erläuterungen vertieft."

Quelle:http://www.bmwgroup.com/d/0_0_www_bmwgroup_com/unternehmen/
publikationen/aktuelles_lexikon/_pdf/Wir_bei_BMW_A4.pdf, gefunden 27.1.2014

Das Mitarbeiterleitbild von BMW ist nicht nur gut gelungen, sondern folgt auch dem
klassischen Aufbau eines Leitbildes mit den Bestandteilen **Vorwort, Erweitertes Leitbild,
Kernleitbild, Nachwort** (Diese Begriffe wurden vom Buchautor eingefügt).

Und hier noch ein Leitbild eines BMW-Händlers in der Schweiz, der Allmend Garage AG,
weil es so kurz und knackig ist.

Leitbild
- Wir handeln für den Kunden - bewusst, engagiert und kompetent.
- Unsere Ziele erreichen wir gemeinsam - in gegenseitiger Unterstützung
  und Wertschätzung.
- Die Marken BMW und MINI verpflichten uns zu hoher Arbeitsqualität und
  außergewöhnlicher Kundenbetreuung.
- Die Allmend Garage AG erzielt für Ihre Kunden ein bestmögliches Preis-
  Leistungsverhältnis.
- Sicherstellung der Qualität bedeutet für uns Steigerung der Zufriedenheit
  des Kunden und der Mitarbeiter, Erfolg im Markt und damit Sicherung
  des Arbeitsplatzes.
- Wir setzen uns aktiv dafür ein, die natürlichen Ressourcen zu schonen.
- Die Allmend Garage AG ist fest verwurzelt mit der Wirtschaftsregion
  Freiamt und nimmt ihre gesellschaftliche Verantwortung wahr.
- Von unseren Lieferanten werden wir als verlässlicher und langfristiger
  Partner geschätzt.

Quelle: http://www.allmendgarage.ch/index.php?leitbild_bmw, 27.1.2014

(e) Maßnahmen zur Implementierung des Leitbilds

(1) Informations- und Schulungsmaßnahmen

Jetzt geht es darum das Leitbild umzusetzen. Auf das Papier kann mal viel schreiben, wenn der Tag lang ist. Jetzt sollen diese Wertvorstellungen, mit denen sich der Mitarbeiter ja weitestgehend identifizieren soll, in die Birne. Hierzu bedarf es vorab einer tiefgehenden **Information** der Führungskräfte über Sinn, Zweck und Inhalt des Leitbilds, um Akzeptanz bei diesen „Multiplikatoren" (= „Vervielfacher", da sie ja mehrere Mitarbeiter führen) zu schaffen. Ja, man muss reden mit den Leuten, und das sollte ein Gespräch nicht auf den neuen geilen BMW und Nagellack beschränken. Als klassische Informationsinstrumente sind u.a. zu nennen:

- Diskussions-, Motivations- und Überzeugungsveranstaltungen
- Intranet, Schwarzes Brett
- Rundschreiben, Hauszeitungen
- Betriebsversammlungen, Teamsitzungen

Oftmals reicht reine Information nicht aus. **Schulungen** insbes. der **Führungskräfte** sind angesagt, da sie Vorbildfunktion haben und Ansprechpartner der Mitarbeiter sind. Sie sollen die Grundsätze vorleben und somit als Multiplikator dienen. Auch Schulungen der bestehenden und neuen **Mitarbeiter** sind von Vorteil. Diese Schulungen sollen neben reiner Information möglicherweise verhaltensändernde Wirkung erzielen, ohne den Mitarbeitern gleich eine Gehirnwäsche zu verpassen. Eine Auseinandersetzung mit dem eigenen Verhalten kann ja nicht schaden. Da wird dem einen oder der anderen vielleicht auch mal klar, dass allzu egoistische Grundhaltungen den Zielen der Allgemeinheit und den Zielen der Unternehmung zugegen laufen können. Egoisten sind unfeine Menschen. Sie kümmern sich mehr um sich als um mich.

Sollte ein angepasstes Leitbild weitreichende Veränderungen des Unternehmens bewirken, was häufig bei einem Führungswechsel der Fall ist, wäre es ratsam, die hierfür notwendigen organisatorischen und führungstechnischen Voraussetzungen zu schaffen. Konkret bedeutet dies eine Anpassung von Regelungen, Führungsgrundsätzen, Führungsinstrumenten, Beförderungs- und Beurteilungssystemen usw. Hierzu möchte ich vorab schon mal anmerken, dass ein Unternehmen auf keinen Fall denken sollte, „wir haben eben diese Organisation und diese Art der Führung usw., und es wäre viel zu aufwendig, das alles zu verändern".

„Wer nicht mit der Zeit geht, geht mit der Zeit".

Ein amerikanischer Managementspruch lautet: „Structure follows strategy", und bedeutet: „Wenn Du die Strategie aufgrund der Gegebenheiten ändern musst, dann ändere sie, und passe Deine Organisation entsprechend an." Völlig falsch wäre folgende Denkweise: „Strategy follows structure", was wie schon erwähnt bedeutet: „Wir haben nun mal diese Organisation, also können wir diese Strategie gar nicht verfolgen, auch wenn es notwendig wäre". Ja dann, Kali nichta! (= Karli nicht da? Schmarrn, das bedeutet „Gute

Nacht" auf griechisch). Mehr zur Organisation und Führung können Sie sich in den entsprechenden Bänden dieser Buchreihe zu Gemüte führen.

(2) Corporate Identity (CI)

Corporate Identity stellt die Gesamtheit aller Merkmale dar, die das Erscheinungsbild des Unternehmens nach innen und außen bestimmen sollen. Sie ist somit eine Sollidentität und beschäftigt sich damit, wie das Unternehmen wahrgenommen werden **soll**.

Ist doch bei Ihnen auch nicht viel anders. Sie haben ein bestimmtes Bild von sich, wie Sie sein wollen oder sollen, und wie Sie von außen, z.B. von der Carla, wahrgenommen werden wollen. Natürlich als Meister aller Klassen, der Sie ja zweifelsfrei sind bzw. sein wollen. Sie wissen, wer Sie sind, und Sie wollen sein, wie Sie sind. Mit so einer gesunden Einstellung sich gegenüber lässt sich's gut leben.

Bei der CI geht es demnach um eine „Soll-Identität". Dagegen ist das Corporate Image die tatsächliche (**= IST**) Wahrnehmung des Unternehmens von innen und außen. Die Frage ist eben: Ist das Unternehmen tatsächlich so cool und gechillt wie es sein will? Bei Ihnen hab ich da keinen Zweifel. Das Ziel ist selbstverständlich eine möglichst große Übereinstimmung zwischen Corporate Image und CI zu erreichen.

An dieser Stelle ein paar Tipps diesbezüglich, um leichter durchs Leben zu kommen (das Leben ist schön): „Wenn es nicht so ist wie Du willst, dann will wie es ist." Oder „Wenn Du etwas ändern willst, was man nicht ändern kann, dann ändere Deine Einstellung dazu". Genug gescheit daher geredet, jetzt wieder zum Ernst des Managens.

Gründe für Abweichungen zwischen Corporate Image und CI könnten sein:

Interne Gründe:

- Unehrliche, unrealistische Sollvorgaben
- Mitarbeiter identifizieren sich nicht mit den Wertvorstellungen des Unternehmens

Das ist häufig dann der Fall, wenn das Leitbild am grünen Tisch von der Geschäftsführung zusammen mit einer CI - oder PR - Agentur ohne Einbeziehung der Wertvorstellungen der Mitarbeiter erstellt wird. Eine für alle Seiten tragfähige Lösung ist gefragt. Ansonsten könnte das Leitbild sogar kontraproduktiv wirken und als provozierend empfunden werden („so schreiben sie und so tun sie, diese Heuchler").

Externe Gründe:

- Das Unternehmen geht nicht mit der Zeit, und ignoriert einen Umschwung in der Branche oder einen Wertewandel beim Kunden

- Das Fehlverhalten einzelner Wettbewerber („schwarze Schafe") in der Branche strahlt negativ auf die ganze Branche

- Außenpolitische Krisen, Katastrophen; oftmals haben die Leute ja weniger Geld in der Tasche während irgendwelcher Krisen, und schon ist alles um sie herum schlecht. Da werden auch Schuldige gesucht. Ja, ja, die bösen Unternehmen. Da kann man noch so mit Engelszungen die heile Welt verkünden und anstreben, es interessiert die Leute nur am Rande, wenn's Geld knapp wird.

Es soll ja in diesem Kapitel darum gehen, wie man das Leitbild umsetzen kann. Allein mit dem Begriff CI (Corporate Identity), wie er vorher erklärt wurde, kommen Sie da nicht weiter. Also schauen wir uns doch mal an, was die CI so ausmacht, wie man zu dieser Einheitlichkeit kommt. Die CI hat nämlich 3 wichtige Bauteile:

Corporate Behaviour (CB)

Behaviour heißt ja nun mal Verhalten, und zwar das Verhalten gegenüber den liebgewonnenen Stakeholdern. Und das sollte eben eine gewisse Einheitlichkeit aufweisen. Nehmen wir mal die Kunden. Die eine hofiert den Kunden hinten und vorne, fragt ihn, was kann ich noch für Sie tun, ihr Wunsch ist mir Befehl usw., und der andere sagt, kauf unser Klump oder lass es sein, Du gehst mir sowieso auf die Nüsse. Ein einheitliches kundenorientiertes Auftreten und Verhalten wäre sicherlich von Vorteil. Das Verhalten des Unternehmens beschränkt sich aber nicht nur auf die Interaktion (schlaues Wort) zwischen Personen.

Das Verhalten kann unterteilt werden in

- **Instrumentales Verhalten**, z.B. welchen Führungsstil pflegt das Unternehmen, eher einen autoritären oder kooperativen oder etwa situativen Führungsstil (s. Band 3 Mitarbeiterführung); ist die Preispolitik des Unternehmens aggressiv, d.h. versucht Sie mit extrem niedrigen Preisen zu punkten und der Konkurrenz das Leben schwer zu machen …
- **Personenverhalten** (wie oben beschrieben)
- **Medienverhalten**, wie sehen die Medienauftritte des Unternehmens aus? Ist da eine gewisse Einheitlichkeit zu erkennen?
- **Werbestil**, eher aggressiv wie z.B." Geiz ist geil" oder humorvoll wie ein Einrichtungshaus kommuniziert hat: „Wohnst Du noch oder lebst Du schon?", worauf das andere Einrichtungshaus verlauten lässt: „Wohnst Du schon, oder schraubst Du noch?" Hat was! Macht Spaß, die geistigen Ergüsse der Streithähne zu verfolgen.

Wie dem auch sei, das Unternehmen sollte jedenfalls eine gewisse Einheitlichkeit bei seinen Verhaltensweisen an den Tag legen.

Corporate Design (CD)

Hier handelt es sich um die Festlegung des **visuellen** Erscheinungsbildes nach innen und außen, mit dem Ziel, als wiedererkennbare Einheit positiv wahrgenommen zu werden. Man könnte auch sagen, es geht um die Visualisierung der CI, die Visualisierung der Einheitlichkeit.

Gestaltungsbereiche sind hier

- die grafische Gestaltung von Logo, Geschäftspapieren, Firmenwagen, LKW's, Visitenkarten, Kleidung etc. mit gleichen Farben, Schriftzügen usw.
- die Produktgestaltung, wie z.B. eine Doppelniere im Kühlergrill, die einem zusammen mit Lichthupe unmissverständlich signalisiert, doch bitte rechts rüber zu fahren
- die architektonische Gestaltung, wie beispielsweise ein bekanntes amerikanisches Spezialitätenrestaurant sehr eindrucksvoll demonstriert. Es ist doch völlig egal, in welcher Filiale man sich befindet. Die Innenarchitektur sieht doch überall gleich oder zumindest sehr ähnlich aus, ob das jetzt in Moskau, München oder Kleinwölferode ist, um nur mal ein paar Weltstädte genannt zu haben. Da fühlt man sich doch gleich wie zu Hause.

Corporate Communication (CC)

Corporate Communication, also die Unternehmenskommunikation, beinhaltet sämtliche kommunikativen Maßnahmen und Instrumente eines Unternehmens, mit welchen sich das Unternehmen mit seinen Leistungen den Zielgruppen präsentiert.

Eine wichtige Funktion der Corporate Communications ist die interne und externe Kommunikation der Werte und Normen des Unternehmens. Hier kommt es besonders auf eine einheitliche Strategie an, damit bei den verschiedenen Empfängern die gleiche Botschaft rüberkommt. Werden an verschiedene Adressaten uneinheitliche Aussagen übermittelt, verliert das Unternehmen sein Gesicht, und wer will das schon, gesichtslos rumlaufen. Da sieht und hört man ja nichts mehr. Ein einheitliches Image kann dann kaum aufgebaut werden. Wie uneinheitliche Kommunikation sich auswirken kann, haben Sie doch auch schon persönlich erfahren, oder?

Nehmen wir doch mal den Herrn Müller. Ihnen sagt er lauthals, die Carla ist eine ganz famose Person, und der Frau Maier erzählt er flüsternd, was die Carla für eine liederliche Person wäre. Jetzt treffen Sie die Frau Maier in der Werkskantine oder Werksdusche und sprechen über die Carla, und was der Müller so gesagt hat. Glauben Sie dem Müller auch nur noch ein Wort? Noch dazu, wo doch der Müller ein Techtelmechtel mit der attraktiven Frau Maier hat? Na, ich weiß nicht.

Alle kommunikativen Aktivitäten müssen einem unternehmensspezifischen, unverwechselbaren, **einheitlichen** Kommunikationsdach unterstellt sein, damit die Botschaften eindeutig identifiziert und dem eigenen Unternehmen zugeordnet werden können.

Sie sehen schon, bei allen 3 Bausteinen des CI geht es um den zentralen Begriff der Einheitlichkeit.

(f) Corporate Governance (CG)

Da haben sich mal schlaue Leute Gedanken darüber gemacht, was eigentlich gute, d.h. ethisch verantwortliche Unternehmensführung so ausmacht. Und wie das in Deutschland so üblich ist, wurde gleich eine Kommission von der Regierung gebildet, die sich mit diesem Thema auseinandersetzt. Ja, in Deutschland hat alles seine Ordnung, und das find ich auch ganz gut so, zumal ja das erste Gesetz des Kosmos Ordnung ist, sonst würden uns ja die Planeten und das ganze Zeug um die Ohren fliegen. Ordnung schafft letztendlich Balance. Und die brauchen wir natürlich auch bei der Unternehmensführung, sonst fliegt uns im Mikrokosmos Unternehmen auch einiges um die Ohren.

Die von der Bundesministerin für Justiz im September 2001 eingesetzte Regierungskommission hat am 26. Februar 2002 den Deutschen Corporate Governance Kodex für ethisch orientierte Unternehmensführung verabschiedet.

Corporate Governance beinhaltet alle internationalen und nationalen Werte und Grundsätze für eine verantwortungsvolle Unternehmensführung (Corporate Governance wörtlich übersetzt bedeutet ja Unternehmensführung).

Corporate Governance ist jedoch kein international einheitliches Regelwerk, sondern bis auf einige wenige international anerkannte, gemeinsame Grundsätze ein länderspezifisches Verständnis verantwortungsbewusster Unternehmensführung. Das bedeutet, dass länderspezifische Wertvorstellungen, die ja von Land zu Land nicht gleich sind, in das Leitbild eines Unternehmens einfließen sollen. Bei den US-Amerikanern könnte das beispielsweise die Mission sein, amerikanisches Gedankengut in die gesamte Welt zu tragen, um dort Demokratien nach eigenem Vorbild zu errichten. Über diese weltbeglückenden Botschaften freuen sich dann auch andere Länder unheimlich, wie z.B. arabische Länder, ja, darauf haben die gewartet.

Corporate Governance ist sehr vielschichtig und umfasst freiwillige und obligatorische (= verpflichtende) Maßnahmen, wie das Befolgen von Gesetzen und Regelwerken, das Einhalten anerkannter Standards und Empfehlungen sowie das Entwickeln und Befolgen eigener Unternehmensleitlinien (= Compliance; to comply = erfüllen, entsprechen, einhalten, befolgen).

Ziel der Corporate Governance ist die Stärkung des Vertrauens der Stakeholder wie z.B. nationale und internationale Anleger, Kunden, Mitarbeiter und der breiten Öffentlichkeit in die Leitung und Überwachung insbesondere börsennotierter Unternehmen.

Als Merkmale verantwortungsvoller und guter Corporate Governance sind hauptsächlich zu nennen:

- **Eine funktionsfähige Unternehmensleitung,** d.h. die Unternehmensleitung hat entsprechende Befugnisse und ist so organisiert, dass einerseits schnell, aber auch ausgewogen Entscheidungen getroffen werden können

- **Das Wahren der Interessen verschiedener Gruppen** (Stakeholder)

  Der Stakeholder-Value-Ansatz (value = Wert) kann auch als Pendant zum Shareholder-Value-Ansatz gesehen werden, bei dem es einseitig um die Interessen der Anteilseigner (= shareholder) geht, also darum, den „Wert für die Anteilseigner" zu steigern. Einfach ausgedrückt geht es beispielsweise bei AG's um die Steigerung der Aktienkurse. Alle anderen Stakeholder (weitere Interessengruppen wie Mitarbeiter, Lieferanten, Kunden etc.) und deren Ziele, werden beim Shareholder-Value-Ansatz vernachlässigt. Viele, zu denen sich auch der Autor zählt machen für die Krise von 2008 – 2010 zum Teil das einseitige Shareholder-Value-Denken verantwortlich.

- **Zielgerichtete Zusammenarbeit zwischen der Unternehmensleitung und dem Überwachungsorgan**

  In deutschen Aktiengesellschaften ist das leitende Organ der Vorstand, und das überwachende Organ, das den Vorständen auf die Finger schaut, der Aufsichtsrat. Sonst würden möglicherweise die Vorstände viel Blödsinn mit dem Geld der Aktionäre anstellen und den Bedürfnissen der Mitarbeiter nicht im entsprechenden Maße gerecht werden. Bei wichtigen Entscheidungen sollten deshalb Aufsichtsräte und Vorstände effizient zusammenarbeiten und nicht klüngeln.

- **Transparenz in der Unternehmenskommunikation**

  Unternehmen sollten alle Informationen, die Stakeholder interessieren, kommunizieren, d.h. eine Politik der offenen Tür betreiben. Management by Champignons ist hier nicht angebracht, d.h. „die Mitarbeiter immer im Dunkeln halten, mit Mist bestreuen, und wenn einer den Kopf rausstreckt, dann Rübe ab".

- **Angemessener Umgang mit Risiken**

  Unternehmen sind angehalten ein umfangreiches Risikomanagement zu betreiben. Aktiengesellschaften sind sogar per Gesetz dazu verpflichtet (Gesetz zur Kontrolle und Transparenz von Aktiengesellschaften, KonTrAG-Gesetz)

- **Managemententscheidungen sollen auf langfristige Wertschöpfung ausgelegt sein**

  Kurzfristige Gewinnerzielung auf Kosten langfristiger Existenzsicherung ist mega-out. Wenn man seine Kunden nur noch abzockt, die Lieferanten auf ihr Existenzminimum drückt, die Umwelt verschmutzt und die Mitarbeiter nur als Nummer und Produktionsfaktor sieht, werden die Gewinne in diesem Jahr vielleicht hoch sein, aber ohne Kunden und Mitarbeiter und Lieferanten geht auf lange Sicht halt nichts. Deswegen, liebe shareholdervalue-orientierte Manager, üben Sie sich ein wenig im „nachhaltigen" Denken. Schnelle Kohle ist nicht alles und währt nicht lange, und außerdem ist es doch nicht schlecht, wenn man sich am Morgen beim Rasieren mal wieder im Spiegel anschauen kann. Glauben Sie mir, das kommt viel besser.

Gute Corporate Governance gewährleistet verantwortliche, qualifizierte, transparente und auf den langfristigen Erfolg ausgerichtete Führung und soll so der Organisation selbst, ihren Eigentümern, aber auch externen Interessengruppen, wie Geldgebern, Kunden, Lieferanten, und der Gesellschaft allgemein dienen.

Aktivitäten wie Korruption, Insiderhandel, Geldwäsche, Steuerhinterziehung usw. gehören sicherlich nicht zu einer verantwortungsvollen Unternehmensführung im Sinne der Corporate Governance.

4.1.6.   Analyse Ist-Zustand

Aus dem Leitbild werden die Ziele und Maßnahmen des Unternehmens abgeleitet (s. Schaubild im Kapitel 4.1.4).

Ziele können aber nur dann realistisch formuliert und entsprechende zielführende Maßnahmen gefunden werden, wenn die Unternehmens- und Umweltsituation analysiert und prognostiziert wird.

Wie soll der Manager wissen, ob die Unternehmensziele auch erreichbar sind, wenn er nicht weiß was der Kunde will, wie groß der Markt ist und wie er sich verändert, was die Konkurrenz macht, welche Stärken und Schwächen das eigene Unternehmen hat, und ob und wie sich das Makro-Umfeld der Unternehmung verändert hat, bzw. sich verändern wird.

Mein alter Freund Sun Tzu, mit dem ich öfters einen heben gehe, hat vor ca. 2500 Jahren ein Buch geschrieben mit dem Titel "die Kunst des Krieges". Er war seines Zeichens chinesischer Feldherr und hatte schon mächtig Ahnung vom Kriegführen, wobei ich als alter Pazi (bedeutet Pazifist, nicht zu verwechseln mit dem bayrischen "Bazi" was mehr so was bedeutet wie Schelm) nicht immer einer Meinung mit ihm war. Ich bin keinesfalls respektlos gegenüber älteren Leuten, zumal Ältere meist mehr Lebenserfahrung mitbringen, was aber nicht zwangsläufig so sein muss. Ein anderer guter irischer Freund von mir – zumindest im Geist – Bernhard Shaw hat mal so ungefähr gesagt: Manche Leute halten das, was Sie 20 Jahre lang falsch gemacht haben, für Erfahrung. Zu den falschen Dingen gehört in den meisten Fällen Krieg führen, die legitimierte Form des Mordens dazu. Wie auch immer, der Sun Tzu mit seinem Kriegsgedöns hat auch gute Sprüche losgelassen, wenn er mal so bei Reiswein und Korn bei guter Laune war.

Einer davon ist folgender, und passt jetzt unglaublich gut in die Phasen Analyse und Prognose Ist-Zustand:

> "Wenn du deinen Feind und auch dich kennst, brauchst du nicht die Ergebnisse von einhundert Kämpfen zu fürchten. Wenn du dich kennst, nicht aber deinen Feind, wirst du für jeden Sieg eine Niederlage erfahren. Wenn du weder dich noch deinen Feind kennst, wirst du in jeder Schlacht versagen."

Na ja, drückt sich ab und zu ein bisschen geschwollen aus, der alte Sun Tzu, liegt wahrscheinlich am Reiswein oder den Geishas (ja, die kommen aus Japan, und wurden extra für ihn importiert, und das zollfrei), die ihm den Verstand oder die Sprachfähigkeit vernebeln. Das heißt jedenfalls so viel, dass das Unternehmen sowohl seine Umwelt (= Feind), als auch sein eigenes Unternehmen (= Sich) analysieren muss.

Ich entschuldige mich hier nochmals bei den Damen, dass meine privaten Beispiele oftmals aus Männersicht erklärt werden. Ob Sie es jetzt glauben oder nicht, ich kann mich in das Männerdenken besser reinversetzen als in das Frauendenken und -fühlen, was wahrscheinlich an der Natur der Sache liegt. Also, geschätzte Leserin, sehen Sie bitte von einer Klage wegen Diskriminierung ab, ich bin ein absoluter Vertreter der Gleichberechtigung, und das nicht nur in Mann - Frau - Fragen. Mein Lebensmotto lautet: Mit erhobenem Haupt durch das Leben gehen, und weder nach oben, noch nach unten sehen, nicht betrügen und sich nicht betrügen lassen.

Nach dieser kurzen und selbstbeweihräuchernden Selbstdarstellung wieder zurück zum Thema. Sie müssen doch auch Ihre Stärken, wie z.B. dass Sie ein guter Zuhörer oder ein guter Erzähler sind, gut aussehen, oder witzig sind ohne es am nötigen Anstand fehlen zu lassen, analysieren. Auch Ihre Schwächen, dass Sie beispielsweise leicht nervös sind und ab und zu ein wenig hitzig werden, sollten Sie unter die Lupe nehmen. Jetzt ist Ihnen klar, wie Sie so drauf sind, aber nicht was außerhalb von Ihnen los ist. Es ist angebracht, auch Ihre Umwelt zu analysieren. Ist Ihr Ziel beispielsweise, bei einer Dame zu landen, ist es gut zu wissen, was sie für ein Typ ist („Kunde"), was sie gerne mag und was weniger. Es ist auch ratsam zu erfahren, ob es da Nebenbuhler („Konkurrenz") gibt, ob sie womöglich schon liiert ist, und Sie sich aufgrund dieser Information viel Herzschmerz sparen können. Dann interessieren Sie vielleicht noch weitere Umweltfaktoren wie z.B. mögliche Restaurants, Oper- und Theateraufführungen, Rock- und Barock-Konzerte, das Wetter (für einen möglichen Ausflug in Ihrem sportlichen offenen Zweisitzer usw.), oder ob die Welt demnächst tatsächlich untergeht, wie es uns ja schon seit tausenden von Jahren von allen möglichen Endzeitpropheten vorhergesagt wird. Ich persönlich glaube, das dauert noch eine Zeit, und dass es frühestens in 3 Wochen so weit ist. Sie haben also noch genügend Zeit für Ihren Ausflug. Für den Weltuntergang habe ich übrigens noch 3 Karten übrig in der ersten Reihe. Bei so einem Jahrhundertereignis sollte man dabei sein, wer weiß, wann die nächste Apokalypse kommt.

Die Unternehmung tut gut daran **vor** der Formulierung der Zielsetzung die Situation zu untersuchen, in der sich das Unternehmen und der Markt momentan befinden. Bei Routineprozessen wie beispielsweise der Aufstellung eines Marketingplans kommt zuerst die Analyse und Prognose des Ist-Zustandes, und dann erst die Formulierung der Ziele. Es gibt aber auch Situationen, in denen zuerst die Ziele formuliert werden, und danach überprüft wird, ob die Ist-Situation die Erreichung der Ziele auch zulässt, wie z.B. bei einem Visionär. Sie haben beispielsweise die Vision, megareich zu werden, und überprüfen dann die Situation, ob die Umsetzung Ihres Vorhabens überhaupt realistisch ist. Oftmals tritt hier sehr schnell Ernüchterung ein, zumindest wenn man zur Spezies der Couchpotatoes gehört.

Beginnen wir doch einmal mit der Umweltanalyse. Das zentrale Anliegen einer Umweltanalyse ist es, den strategischen und operativen Handlungsspielraum des Managements darzustellen. Die zentrale Frage lautet: Welche Strategien und operativen Maßnahmen können aufgrund der generellen (Makroumwelt) und spezifischen Rahmenbedingungen (Mikroumwelt und Unternehmen) gewählt und umgesetzt werden?

Dies bedeutet jedoch nicht, dass sich das Management mit den Rahmenbedingungen abfinden, und die Bedingungen als festes Datum akzeptieren muss. Insofern stellt sich nach jeder Umweltanalyse die Frage, inwieweit hindernde Einflüsse verändert oder ganz vermieden werden können. Insbesondere bei den generellen Rahmenbedingungen der Makro-Umweltanalyse sind der Einflussnahme sehr schnell Grenzen gesetzt, wie Sie nachfolgend erkennen werden.

Die **Umweltanalyse** stellt eine Analyse der Rahmenbedingungen dar, in denen sich ein Unternehmen bewegt. Sie prüft und ermittelt diese Rahmenbedingungen, um die sich daraus ergebenden Erkenntnisse in realistische Ziele, umsetzbare Strategien und realistische operative Maßnahmen zu lenken. Die Umwelt kann in die Makro-Umwelt und die Mikro-Umwelt aufgeteilt werden.

4.1.6.1. Makro-Umweltanalyse

Die Makro-Umweltanalyse beinhaltet

- politisch-rechtliche
- gesamtwirtschaftliche (ökonomische)
- gesellschaftliche
- technologische
- physische und
- ökologische

Bedingungen.

Die Umweltanalyse versucht den momentanen Stand der jeweils relevanten Umweltbedingungen (und deren zukünftige Entwicklung = Prognose) richtig einzuschätzen.

Die Makro-Umwelt ist ein für die Unternehmung gegebenes System, welches für die Unternehmung nicht oder kaum veränderbar ist. Da kann man kaum dran feilen, von einigen Ausnahmen vielleicht abgesehen. Es soll ja Länder geben, da werden Präsidenten durch bestimmte Branchen, sagen wir z.B. die Energiebranche, unterstützt, und dann auch tatsächlich gewählt. Da ist öfter mal was im Bush. Im nachfolgenden Schaubild sind die wichtigsten Analyse- und Prognosefelder abgebildet.

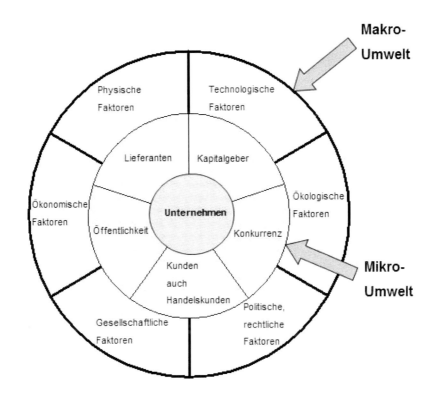

Abbildung 4: Analyse- und Prognosefelder des Unternehmens

Obiges Schaubild lässt sehr gut erkennen, dass die Mikroumwelt das Unternehmen direkt umgibt, und bringt damit zum Ausdruck, dass die Unternehmung ständig mit diesen externen Stakeholdern zu tun hat. Infolgedessen kann es die Beziehungen zu diesen Interessengruppen auch aktiv gestalten. Die Makroumwelt dagegen ist vom Unternehmen relativ weit entfernt wie man an der Grafik zweifelsfrei erkennt. Das bedeutet, dass man diese Faktoren schlecht verändern kann, sie aber trotzdem im Sinne einer erfolgreichen Unternehmensführung erheben, analysieren und interpretieren sollte und auch muss. Zur Wichtigkeit von Informationen sind besonders schlaue Ausführungen im Band 4 Kommunikation nachzulesen.

Faktoren der Makro-Umwelt (äußerer Ring):

ökonomische Komponente:

Volks- und weltwirtschaftliche Faktoren beeinflussen das Unternehmen, z.B. Konjunkturphasen, Bruttosozialprodukt, Kaufkraft, Veränderung der Beschäftigtensituation und Auftragslage, Zinsniveau, Geldwertschwankungen (Inflation), Energie- und

Rohstoffversorgung, Wechselkurse, Handelshemmnisse (Zölle und sonstige protektionistische Maßnahmen). Einige dieser Faktoren dürften auch Sie interessieren, beispielsweise wenn Sie sich ein Haus bauen wollen, oder?

gesellschaftliche Komponente (= sozio-kulturelle Faktoren):

Die Unternehmung kann die Gesellschaftsstruktur auf die sie trifft kaum verändern, sie muss sich ihr anpassen, von Coca Cola und Jeans einmal abgesehen.

Hierbei sind

demographische Faktoren wie Alter, Einkommen, Ausbildung, Wohnort, Geschlecht, Beruf, Ausbildung, Haushaltsgröße, Nationalität, Religion der Bevölkerung etc. genauso zu beachten wie

normative Faktoren, insbesondere gesellschaftliche Werte und deren Wandel, wie z.B. das zunehmende ökologische Bewusstsein.
Normativ kommt von „Normen", welche in diesem Zusammenhang die menschlichen sozialen Aktivitäten regulieren, soll heißen, wie man aufgrund dieser Normen miteinander umgehen soll. Da geht es u.a. um Trends, was ist „in" und was ist „out" und dergleichen. „In" ist beispielsweise, sich den Managementstoff locker reinzuziehen, wie Sie das gerade tun, „mega-out" dagegen sind beispielsweise die Bücher vom Zwiebel Karl, die schon „stauben", wenn man sie aufschlägt. Das haben Sie nicht verdient!

technologische Komponente:

Vornehmlich der technische Fortschritt, also der Bereich der Verfahrens-, Material- und Produktinnovationen steht hier im Fokus. Neue Material- und Verfahrenstechnologien stehen im Mittelpunkt der Betrachtung. Manche Leute machen sich eben Gedanken darüber, wie man ein Problem besser lösen könnte. Produkte bezeichnet ja der schlaue Marketingmensch als Problemlösungen.

Sicherlich, man könnte sich wieder ins Mittelalter zurückbomben lassen, wie manche Gruppierungen das gerne hätten. Die können gerne mal damit anfangen, und anstatt zu einem Zahnarzt zu gehen, einen mittelalterlichen Zahnbrecher (so hieß der damals) aufsuchen, und sich einen Zahn mit einer rostigen Zange ohne Betäubung ziehen lassen. Das wäre doch nostalgisch und konsequent. Früher war alles viel besser!

physische Komponente:

Die physische Makro-Umwelt der Unternehmung umfasst insbes. die jeweiligen klimatischen und geographischen Bedingungen sowie die Infrastruktur des Wirtschaftsraumes. Diese Komponente ist z.B. für Exportgeschäfte oder auch für Standortentscheidungen von großem Interesse. Es macht beispielsweise nicht viel Sinn Autos ohne Klimaanlage nach Afrika zu exportieren. Wenn Sie nach Australien ausführen wollen, wäre es auch nicht blöd zu wissen, wie es sich dort mit den geografischen Verhältnissen und der jeweiligen Bevölkerungsdichte verhält. Der Großteil der Bevölkerung lebt an der Ostküste. Klar, Sie können Ihre Produkte auch nach Alice Springs in Zentralaustralien liefern, aber lohnt sich das? Wäre es vielleicht besser nur die Ostküste und einen Teil der Südküste, runter bis Adelaide zu beliefern?

politisch – rechtliche Komponente:

Dem Tätigkeitsfeld der Unternehmung sind durch eine Vielzahl gesetzlicher Bestimmungen, wie z.B. Zulassungsbeschränkungen für Arzneimittel, Umweltschutzverordnungen, Produzentenhaftung, Textilkennzeichnungsgesetz, Steuergesetze, Rabattgesetze. Gewährleistung, Allgemeiner Gleichbehandlungsgrundsatz, Rauchverbot, Abschreibungsmöglichkeiten usw. Grenzen gesetzt, wie im ganz normalen Leben.

Zum Beispiel müssen Sie sich auch ab und dann mit dem Gesetzgeber auseinandersetzen, weil Sie wieder mal zu schnell gefahren sind.

Weiterhin ist es für das Unternehmen ratsam, sich mit politischen Entscheidungsträgern und deren Programmen auseinandersetzen. Wäre doch für unser Baugeschäft von Vorteil, wenn Schwager Franz Landrat wird, der ja ein echter Freund ist, was ja spanisch „Amigo" heißt. Ist doch beruhigend, wenn ein paar dieser Amigos in den politischen Reihen zu finden sind.

Ökologische Komponente

Die ökologischen Faktoren sind meist in den anderen Komponenten wie den gesetzlichen Faktoren (z.B. Umweltgesetze), technologischen Faktoren (z.B. Solartechnologie) und gesellschaftlichen Faktoren (z.B. zunehmendes ökologisches Bewusstsein) bereits enthalten. Wegen der zunehmenden Wichtigkeit dieser Faktoren werden sie in obiger Abbildung gesondert dargestellt.

Neben der Makro-Umweltanalyse wird eine Mikro-Umweltanalyse durchgeführt. Mit der Mikro-Umwelt setzt sich die Unternehmung ständig auseinander. Sie umschließt das Unternehmen direkt („mittlerer Ring") wie die obige Grafik zeigt, und ist somit für das Unternehmen auch beeinflussbar. Im Rahmen einer Mikro-Umweltanalyse sollten insbesondere eine Stakeholder-Analyse, eine Analyse der quantitativen Marktgrößen, sowie eine Konkurrenzanalyse in die Wege geleitet werden.

4.1.6.2. Stakeholder-Analyse

Heutzutage geht man von einer ganzheitlichen Unternehmensführung aus. Interessant gell, dass sich das ganzheitliche Denken überall durchsetzt, ob das jetzt das Energiesystem Unternehmen oder das Energiesystem eines Menschen betrifft, das ja durch die wechselseitigen Beziehungen von Geist, Körper und Seele beeinflusst und gesteuert wird. Die Wahrnehmung der verschiedenen Interessenlagen der Stakeholder wird unter rein sozialen Aspekten im Sinne einer gesellschaftlichen Verantwortung, sowie unter ökonomischen Gesichtspunkten als Beitrag zur Existenzsicherung des Unternehmens gesehen.

Komisch, dass Unternehmen überhaupt anders denken konnten, oder? Ist doch klar, dass z.B. ein großer Industriebetrieb die Ziele seiner Lieferanten und seiner Kunden miteinbeziehen muss, dass dieses Unternehmen auch gesellschaftliche Verpflichtungen wie z.B. die Ausbildung von jungen Leuten übernehmen sollte, und nicht nur einseitig an einer Steigerung der Aktienkurse (Shareholder-Value-Denken) ausgerichtet sein darf. Unternehmensspitzen, die in einem Jahr mit Rekordgewinn, verlauten lassen, dass sie nächstes Jahr das Ergebnis noch toppen werden, weil sie vorhaben 6800 Leute zu entlassen, nur um den verdammten Aktienkurs in schwindelerregende Höhen zu treiben, gehören nicht da oben hin, sondern entsorgt.

Wäre doch nicht schlecht, wenn alle Interessenten am Unternehmen mit der Handlungsweise des Unternehmens generell zufrieden sind. Klar, allen kann man es nicht recht machen und muss man auch nicht. Denn, „einem jeden Recht getan, ist eine Kunst, die niemand kann". Oder frei nach Franz Josef Strauß, dem ehemaligen bayrischen Ministerpräsidenten: „Everybody's Darling is everybody's Depp."

Will das Unternehmen langfristig am Markt bestehen, ist eine Analyse der Stakeholder und deren Ziele angesagt.

Das Hauptanliegen der Mikroumweltanalyse besteht in der Feststellung und Analyse der Stakeholder (engl.: Anspruchsgruppen, Interessengruppen), die in externe bzw. interne Stakeholder unterteilt werden können, wie nachfolgendes Schaubild zeigt.

	Anspruchsgruppen	Interessen (Ziele)

I
N
T
E
R
N
E
	1. Eigentümer
	  - Kapitaleigentümer
	  - Eigentümer/Unternehmer
		- Einkommen/Gewinn
		- Erhaltung, Verzinsung und
		   Wertsteigerung des investierten
		   Kapitals

	2. Management (Manager/Unternehmer)	- Selbstständigkeit - Macht, Einfluss, Prestige - Entfaltung eigener Ideen und Fähigkeiten

	3. Mitarbeiter / Mitarbeiterinnen	- Einkommen
		- Soziale Sicherheit (Arbeitsplatz)
		- Sinnvolle Betätigung, Entfaltung der
		   eigenen Fähigkeiten
		- Zwischenmenschliche Kontakte
		   (Gruppenzugehörigkeit)
		- Status, Anerkennung, Prestige (ego-
		   needs)

E **X** **T** **E** **R** **N** **E**	4. Fremdkapitalgeber	- sichere Kapitalanlage - befriedigende Verzinsung - Vermögenszuwachs
	5. Lieferanten	- stabile Liefermöglichkeiten - günstige Konditionen - Zahlungsfähigkeit der Abnehmer

	6. Kunden	- qualitativ und quantitativ befriedigende
		   Marktleistung zu günstigen Preisen
		   („Wertprinzip")
		- Service, günstige Konditionen usw.

	7. Mitbewerber / Konkurrenz	- Einhaltung fairer Grundsätze und
		   Spielregeln der Marktkonkurrenz
		- Kooperation auf branchenpolitischer
		   Ebene

	8. Staat und Gesellschaft
	  - lokale und nationale Behörden
	  - ausländische und internationale
	     Organisationen
	  - Verbände und
	     Interessengruppen aller Art
	  - Bürgerinitiativen
	  - Allgemeine Öffentlichkeit
		- Steuern
		- Sicherung der Arbeitsplätze
		- Sozialleistungen
		- Positive Beiträge an die Infrastruktur
		- Einhalten von Rechtsvorschriften und
		   Normen
		- Teilnahme an der politischen
		   Willensbildung
		- Beiträge an kulturelle, wissenschaftliche
		   und Bildungsinstitutionen
		- Erhaltung einer lebenswerten Umwelt

Abbildung 5: Stakeholder-Gruppen

Wie gehen Sie nun am besten vor bei einer Stakeholder-Analyse?

In einem **ersten Schritt** werden – wie oben dargelegt – die Interessen und Ziele der einzelnen Stakeholder ermittelt. Selbstverständlich müssen nicht alle Interessen und Ziele dieser Anspruchsgruppen auch im Interesse des Unternehmens liegen. So haben beispielsweise Lieferanten Interesse an einer dauerhaften und stabilen Liefermöglichkeit, was keineswegs auch im Interesse des Unternehmens liegen muss. Auch Standortentscheidungen sind für die Öffentlichkeit von großem Interesse, das Unternehmen kann hierbei jedoch völlig andere Prioritäten setzen und muss nicht dem öffentlichen Druck nachgeben.

Insbesondere, wenn es sich nicht um „echte" Stakeholder handelt, muss von Unternehmensseite äußerst kritisch hinterfragt werden, inwieweit die Stakeholder-Ziele mit den Unternehmensinteressen übereinstimmen. Echte Stakeholder sind dadurch gekennzeichnet, dass sie ihre Interessen auch gegen den Willen anderer durchsetzen können (= Macht), sind vertraglich oder gesetzlich abgesichert gegenüber dem Unternehmen (= Legitimität), und haben keinen Bock eine Verzögerung der Erfüllung ihrer Ansprüche (= Dringlichkeit) hinzunehmen. Wenn die Bank beispielsweise nicht termingerecht ihre Zinsen kassieren kann, wird sie dem Unternehmen eventuell den Geldhahn zudrehen, und das war's dann vielleicht!

Kennen Sie im Privatleben auch solche Stakeholder? Ach ja? Ihr Vermieter? Ihre Bank? Womöglich Ihre Schwiegermutter? Na da sehen Sie es doch wieder, privat läuft's ähnlich ab wie im Betrieb. Ist ja grundsätzlich auch egal, ob es um Ihre private Existenz geht, die Sie managen, oder um die Existenz des Unternehmens.

In einem **zweiten Schritt** werden die Ziele der Stakeholder quantifiziert, d.h. in Kennzahlen „verpackt", soweit das möglich ist.

Dies ist sicher noch gut praktikabel beispielshalber bei den Eigentümern, die selbstverständlich an einer hohen Verzinsung ihres Kapitals interessiert sind, was sich wunderbar mit der Kennzahl Eigenkapitalrentabilität (= Gewinn x 100 / Eigenkapital) messen lässt.

Bei den externen Stakeholdern wie beispielsweise der Öffentlichkeit ist das schon ein schwierigeres Unterfangen. Jedoch auch hier lassen sich quantitative Größen ermitteln, so kann z.B. eine angemessene Ausbildungsquote (Azubis x 100 / Gesamtbelegschaft) festgelegt werden.

Der **dritte Schritt** besteht darin, konkrete Zielerreichungsgrade für die Stakeholder festzulegen, z.B. die Eigenkapitalrentabilität soll 20% betragen und die Ausbildungsquote bei 15% liegen.

Aus der Kenntnis der mittlerweile quantifizierten Stakeholder-Ziele und dem Vergleich mit den Unternehmensinteressen können in einem **vierten Schritt** kurzfristig, mittelfristig und langfristig deutliche Handlungsoptionen abgeleitet werden. Im Klartext heißt das, dass

Strategien für das Unternehmen unter Berücksichtigung dieser besonderen Rahmenbedingungen formuliert und letztendlich auch umgesetzt werden können.

Wenn Sie jetzt über die obige Vorgehensweise so nachdenken, wären Sie bestimmt auch selbst drauf gekommen. Auf alles, was im Management gemacht wird, kommen Sie selbst! Nur, warum sollen Sie das Rad ein zweites Mal erfinden? Dauert doch viel zu lange!

4.1.6.3. Analyse quantitativer Marktgrößen

Bei einer Marktanalyse wird die Attraktivität des Marktes für das eigene Unternehmen ermittelt. D. h., Gegenstand dieser Betrachtung ist die Anziehungskraft, die ein Markt auf ein Unternehmen ausübt. Die Marktanalyse ist im Gegensatz zur zeitraumbezogenen Marktbeobachtung nur eine zeitpunktbezogene Darstellung der Marktsituation. Hierbei werden nur die Daten erhoben, die gerade aktuell sind. Gegenstand der Marktanalyse sind u.a. folgende **quantitative Marktgrößen**:

- Marktvolumen
- Marktpotenzial
- Marktanteil
- Marktsättigung

In diesem Zusammenhang, möchte ich auch noch die 2 unternehmensbezogenen Größen

- Absatzvolumen und
- Absatzpotenzial

ins Spiel bringen.

Stellen Sie sich folgende Situation vor. Die Geschäftsleitung und die Marketingleitung eines Spirituosenherstellers sitzen beieinander und führen ein Gespräch über den Geschäftsverlauf. Hierbei geht es insbesondere um den Doppelkorn, Marke „Gnadenlos". Dabei testen sie auch ausgiebig die eigenen Produkte. Die Marketingleitung meint: „Wir haben dieses Jahr 5 Millionen Liter Doppelkorn in Europa verkauft, die gesamte Konkurrenz hat 15 Millionen Liter verkauft. Ich glaube, wenn unser Unternehmen alle Register ziehen würde, könnten wir 10% mehr absetzen. Mehr geht auch momentan nicht, da die Produktionskapazitäten begrenzt sind. Der gesamte europäische Markt ist noch um 20% aufnahmefähiger."

Aus diesem Gespräch können Sie jetzt die 6 oben genannten Größen berechnen. Ich nicht, meinen Sie? Noch nicht, aber gleich. Hierfür gebe ich Ihnen mal eine „Übersetzungsformel" an die Hand. Wundern Sie sich nicht über die Schreibweise, der Groschen fällt garantiert!

…….volumen	=	tatsächlicher Absatz (Menge) bzw. Umsatz (Preis x Menge)
…….potenzial	=	maximal möglicher Absatz oder Umsatz
Absatz………	=	(m)ein Unternehmen
Markt………..	=	gesamte Branche (die gesamte Konkurrenz **und** ich)

Was ist dann z.B. Marktvolumen? Setzen sie einfach die 2 Begriffe zusammen, und beginnen Sie immer mit dem 2. Teil des zusammengesetzten Wortes.

Marktvolumen	=	Tatsächlicher Absatz oder Umsatz der gesamten Branche
Marktpotenzial	=	Maximal möglicher Absatz oder Umsatz der gesamten Branche
Absatzvolumen	=	Tatsächlicher Absatz oder Umsatz (m)eines Unternehmens
Absatzpotenzial	=	Maximal möglicher Absatz oder Umsatz (m)eines Unternehmens

Wenn Sie wiederum 2 dieser ermittelten Größen in Beziehung setzen, können Sie die 2 verbleibenden Größen Marktanteil und Marktsättigung berechnen.

Was ist eigentlich der Marktanteil? Na ja, der Anteil, den mein Unternehmen am gesamten Markt hat. Und welche 2 Größen müssen Sie dementsprechend in Beziehung setzen?

$$\text{Marktanteil} = \frac{\text{Absatzvolumen}}{\text{Marktvolumen}} \times 100$$

Und wie berechnen Sie jetzt den Sättigungsgrad des Marktes? Ja, Sie müssen 2 gesamtmarktbezogene Größen zueinander in Beziehung setzen, um zu wissen, wie viel noch drin ist in diesem Markt.

$$\text{Marktsättigung} = \frac{\text{Marktvolumen}}{\text{Marktpotenzial}} \times 100$$

Und jetzt geht es ans Eingemachte. Berechnen Sie mal auf Basis obiger Story die sechs - in diesem Beispiel mengenmäßigen (Liter) - Marktgrößen. Die erste ist ja in der Angabe schon enthalten.

Absatzvolumen   = 5 Millionen Liter

Absatzpotenzial   = 5 Millionen x 1,1 = 5,5 Millionen Liter

Marktvolumen   = 5 Millionen Liter + 15 Millionen Liter   = 20 Millionen Liter

Marktpotenzial	= 20 Millionen Liter x 1,2	= 24 Millionen Liter

$$\text{Marktanteil} = \frac{5}{20} \times 100 = 25\%$$

$$\text{Marktsättigung} = \frac{20}{24} \times 100 = 83,33\%$$

Verbal bedeuten diese Zahlen folgendes:

Unser Unternehmen hat 5 Millionen Liter Doppelkorn abgesetzt und könnte maximal 5,5 Millionen Liter absetzen. Die gesamte Branche hat 20 Millionen Liter Doppelkorn abgesetzt, wobei der europäische Markt maximal 24 Millionen Liter aufnehmen könnte. Es ist also noch mehr drin, da der Markt lediglich zu 83,33% gesättigt ist. Der momentane Marktanteil unseres Unternehmens beläuft sich auf 25%.

Und, schwer? Ich denke, halb so schlimm. Diese Zahlen sind aber nicht aussagefähig, wenn Sie nicht genau abgrenzen, auf welchen Markt sich diese Größen in sachlicher und geografischer Hinsicht beziehen. Das machen Leute gerne, die andere veräppeln wollen. Die nennen irgendwelche bombastischen Zahlen, ohne näher auszuführen, auf was sich diese Zahlen beziehen. Wenn Ihnen jemand beispielsweise erzählt, dass er letztes Jahr wieder sehr erfolgreich war, und eine Million Euro Gewinn gemacht hat, Ihnen aber verschweigt, dass er dafür 100 Millionen Euro eingesetzt hat, führt er Sie ja ziemlich hinters Licht, da sich das eingesetzte Kapital ja nur zu einem Prozent verzinst hat. Nicht gerade erfolgreich!

Sachliche Marktabgrenzung:

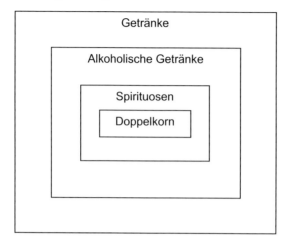

Abbildung 6: Sachliche Marktabgrenzung

Geografische Marktabgrenzung:

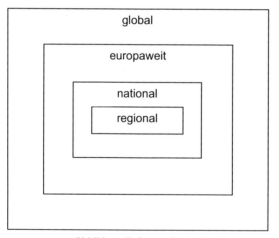

Abbildung 7: Geografische Marktabgrenzung

In unserem Fall beziehen sich die Zahlen z.B. auf den europaweiten „Doppelkorn"-Markt.

Die Marktanalyse (zeitpunktbezogen) wird zusammen mit der Marktbeobachtung (zeitraumbezogen) dazu verwendet, eine Marktprognose (Vorhersage) zu erstellen. Die zukunftsgerichtete Marktprognose ist doch das eigentlich Interessante, weil ja unser Plan, den wir gerade Schritt für Schritt aufbauen, auch in der Zukunft realisiert wird.

4.1.6.4. Konkurrenzanalyse

(a) Gegenstand und Ziele der Konkurrenzanalyse

Der Begriff „Konkurrenz" kommt ja aus dem Lateinischen und bedeutet „mitlaufen". Demnach sind Konkurrenten „Mitläufer". Ich bevorzuge den Begriff Konkurrenz, weil er den Nagel auf den Kopf trifft. Ich weiß natürlich, dass verbalerotisch der Begriff „Mitbewerber" etwas von der Schärfe des Begriffs „Konkurrenz" nimmt. Aber ist der Wettbewerb ein Zuckerschlecken?

Sie kennen ja die alten Sprüche wie „Konkurrenz belebt das Geschäft" usw. Dem ist tatsächlich so. Um mit der Konkurrenz schritthalten zu können, wäre es ratsam zu wissen, was die anderen drauf haben und demnächst so vorhaben. Das treibt natürlich die Innovationen in einer Branche voran. Nach Möglichkeit will jedes Unternehmen einen Schritt voraus sein, oder zumindest mithalten, eben mitlaufen können. Der nachfolgende Spruch belegt das ganz gut:

„Wettbewerb ist die beste Medizin gegen Phantasielosigkeit und Bequemlichkeit"
(Prof. Querulix)

Die **Ziele** der Konkurrenzanalyse sind:

- die Kenntnis der voraussichtlichen zukünftigen Schritte der Wettbewerber
- die Abschätzung der Reaktionen der einzelnen Wettbewerber auf die Strategien der Mitbewerber. Wenn „Audi" das und das vorhat, wie reagiert dann „Mercedes" darauf, und was bedeutet das für mein eigenes Automobilunternehmen?
- die Einschätzung der Fähigkeiten der Konkurrenten (Stärken und Schwächen)
- das Erkennen der „verwundbaren Stellen" der Konkurrenten

Bei Ihnen gibt's doch auch Konkurrenz, im Beruf, in der Mann-Frau-Beziehung, im Sport usw. Nehmen wir mal an, lieber Leser, Sie boxen aktiv. Da ist es doch sicherlich von Vorteil zu wissen, was der Gegner so drauf hat. Er hat eine hammermäßige Rechte, kann viel einstecken, hat aber eine miserable Deckung und bewegt sich im Schneckentempo. Jetzt fragen Sie sich natürlich, wie kann ich ihn treffen? Wir warten, bis er seine Rechte eingesetzt hat und gehen unmittelbar danach in den Infight über (das heißt, wir gehen auf Tuchfühlung), was ja bei seiner Langsamkeit kein Problem darstellen dürfte. Wir nutzen seine Schwächen, und versuchen seine Stärken nicht zum Tragen kommen zu lassen. Wir überlegen uns, wo können wir ihn kalt erwischen. Natürlich ist der Gegner in der Regel auch nicht ganz blöd, und erkennt ihre „Strategie". Also müssen Sie sich wiederum überlegen, was denn voraussichtlich seine nächsten Schritte sind. Sie versuchen, ihm ständig einen Schritt voraus zu sein. Wenn Sie das schaffen, und einigermaßen nüchtern und ausgeschlafen antreten, werden Sie den Kampf höchstwahrscheinlich gewinnen.

Beim Unternehmen ist das nicht anders.

(b) Aufgaben der Konkurrenzanalyse

Um obengenannte Ziele zu erreichen läßt sich als generelle Aufgabe der Konkurrenzanalyse die Beschaffung entsprechender Daten über die Konkurrenten ableiten. Das Unternehmen will ja die eigene Strategie entsprechend ausrichten.

Es ist ratsam über jeden (größeren) Konkurrenten Informationen zu den folgenden 4 Bereichen einzuholen:

(1) zukünftige Ziele des Konkurrenten
(2) gegenwärtige Strategie des Konkurrenten
(3) zentrale Annahmen des Konkurrenten über sich selbst und über die Branche
(4) Fähigkeiten des Konkurrenten

zu (1) zukünftige Ziele der Konkurrenten

Hierzu einige Aspekte:

- Die Ziele des Wettbewerbers geben Auskunft darüber, ob der Wettbewerber mit seiner momentanen Situation zufrieden ist. Bei Unzufriedenheit wächst die Wahrscheinlichkeit eines Strategiewechsels. Klar, wenn ihr (Box-) Gegner ständig eine vor den Latz bekommt, wird ihm das wahrscheinlich nicht ganz schmecken, er möchte ja wahrscheinlich auch gewinnen.

- Die Kenntnis der Ziele der Mitbewerber liefern brauchbare Vorhersagen über die Reaktionen der Konkurrenten auf die Strategieänderungen von Mitbewerbern. Wie wird er auf meine „Infight"-Strategie reagieren? Er wird voraussichtlich versuchen, Distanz zu schaffen.

- Die Kenntnis der Ziele der Mitbewerber führen zu einer Einschätzung der Ernsthaftigkeit einzelner Maßnahmen des Konkurrenten. Sind seine Aktionen womöglich nur Finten? Blufft er möglicherweise?

Das Problem hierbei ist jedoch, dass die Ziele der Konkurrenten nicht einfach **direkt** erfragt werden können. Sie können natürlich schon im Ring fragen, "was ist denn Dein Ziel, was hast denn als nächstes vor, du Weichei?" Er wird's Ihnen wahrscheinlich nicht auf die Nase binden, sondern mit seiner hammermäßigen Rechten eins auf die Nase geben. Immer diese Grobmotoriker mit ihrem billigen Revanchismus!

Daher bedarf es eines Rückgriffs auf Kriterien, aus denen sich indirekt auf die zentralen Zielsetzungen der Konkurrenten schließen lässt.

Mögliche Kriterien hierfür sind:

- Werte und Überzeugungen, die im obersten Management vertreten werden (Leitbild) geben Hinweise auf die Unternehmensziele.

- Aufbau und Veränderung in der Organisationsstruktur des Wettbewerbers geben Hinweise auf die gegenwärtige und zukünftige relative Bedeutung der einzelnen Funktionsbereiche. Dadurch sind Schlussfolgerungen auf zentrale Zielsetzungen des Konkurrenten möglich. Wenn der Konkurrent z.B. seine

Marketingabteilung ausbaut, ist er unter Umständen mit seiner Umsatzsituation nicht zufrieden.

- Die beim Konkurrenten eingesetzten Anreizsysteme (s. auch Band Mitarbeiterführung) geben Hinweise darauf, wie die Manager angesichts der finanziellen Anreize auf bestimmte Ereignisse reagieren werden. Beim Shareholder-Value - Denken beispielsweise werden den Managern monetäre (monetas = Geld) Anreize geboten, um den Gewinn zu steigern. Wohin das führen kann, zeigt die Wirtschaftskrise 2008-2010.

- der funktionale Hintergrund und die Erfahrungen des Spitzenmanagements (und teilweise auch der Aufsichtsräte) geben häufig deutliche Hinweise auf die künftigen Zielschwerpunkte eines Unternehmens. Da gab es mal den Herrn L., der bei 2 großen deutschen Firmen für Furore gesorgt hat. Sein vornehmliches Ziel war (einseitige) Kostensenkung. Der hat gekürzt, wo es nur ging, und damit diese Unternehmen an den Rande des Abgrunds gebracht, nach dem Motto: „Gestern standen wir noch vor einem Abgrund. Heute sind wir schon einen Schritt weiter". Dass durch Kostensenkungen der Nutzen überproportional leiden könnte, kam diesem Herrn scheinbar nicht in den Sinn. Kann Ihnen nicht passieren, Sie wissen ja, dass Effizienz das Kosten-Nutzen-Verhältnis Ihrer Tätigkeiten ausdrückt. Bringt nichts, wenn ich Kosten senke, und dadurch der Nutzen erheblich sinkt. Eine faire Bezahlung von Mitarbeitern und Lieferanten macht sich langfristig immer bezahlt.

zu (2) Gegenwärtige Strategie des Konkurrenten

Die Strategien sind der „sichtbare" Bereich in der Denkweise des Konkurrenten, mit deren Wissen sich auf die dahinterstehenden Ziele schließen lässt. Sie sehen doch, wie er auf den Beschaffungsmärkten und Absatzmärkten vorgeht, ob er weltweit einkauft oder nur in Deutschland oder sogar nur in Kleinwölferode. Sie sehen doch, ob er mit niedrigen oder hohen Preisen agiert, ob er über den Handel oder direkt an den Kunden verkauft, ob er versucht alle Zielgruppen anzusprechen oder nur bestimmte, usw.

zu (3) Annahmen der Konkurrenten

Hier sind 2 Gruppen von Annahmen wichtig:

- Annahmen des Konkurrenten über sich selbst
- Annahmen des Konkurrenten über die Branche und die anderen Mitbewerber

Von besonderem Interesse ist dabei die Kenntnis der Annahmen des Konkurrenten, die objektiv falsch sind. Diese Kenntnis gibt dem eigenen Unternehmen einen starken Hebel an die Hand.

Beispiel 1:

Der Konkurrent geht von der Annahme aus, dass reiner Qualitätswettbewerb in der Branche zielführend ist. Dadurch werden neu auftretende „Billiganbieter" anfangs nicht als direkte Mitbewerber erkannt und anerkannt. Der Konkurrent reagiert eventuell zu spät auf den Wandel in der Branche und erleidet Umsatzeinbrüche.

(Historisches) Beispiel 2:

Ein Bürogerätehersteller glaubt, dass er mit Schreibmaschinen zu Beginn des PC-Zeitalters nach wie vor auf dem richtigen Dampfer ist.

(Historisches) Beispiel 3:

Ein Handy-Hersteller hat noch nicht kapiert, dass die Ära der Smartphones begonnen hat.

zu (4) Fähigkeiten des Konkurrenten

Ziele, Annahmen und gegenwärtige Strategie lassen Schlussfolgerungen über Wahrscheinlichkeit, Zeitpunkt, sowie Art und Intensität der Konkurrenten**reaktion** zu. Seine Fähigkeiten sind ausschlaggebend dafür, welche Schritte ein Konkurrent ergreifen kann, zu welchen **Aktionen** er **fähig** ist.

Erkennbar werden die Fähigkeiten eines Konkurrenten, wenn man seine Stärken und Schwächen näher untersucht. Das Unternehmen sollte sich hier die Frage stellen: „Durch welche Stärken und Schwächen unterscheidet sich das Konkurrenzunternehmen von unserem Unternehmen?"

Diese Unterschiede können z.B. durch ein Stärken - Schwächen - Profil (s. unten) sichtbar gemacht werden.

Die **Vorgehensweise** bei der Erstellung sieht wie folgt aus:

In einem ersten Schritt werden die Kriterien (1.und 2. Spalte) festgelegt, die entweder im Betrachtungsmoment oder in absehbarer Zeit zum Erfolg des Unternehmens beitragen werden. Einige Parameter (Kriterien) werden sich mit großer Wahrscheinlichkeit in allen Konkurrenzanalysen wiederfinden, andere Parameter sind nur im Unternehmenszusammenhang versteh- und erklärbar.

Die Fähigkeiten des eigenen Unternehmens werden in der anzulegenden Skalierung durch die Kategorie „4" symbolisiert, wodurch die Bewertung des Konkurrenten nicht mehr im „luftleeren Raum", sondern auf die Bezugsgröße „Fähigkeiten des eigenen Unternehmens" stattfindet. Damit kann das betrachtete Konkurrenzunternehmen bei positiven Abweichungen in den Kategorien 5-7 (= Stärken bzw. relative Vorteile des Konkurrenten) oder bei negativen Abweichungen in den Kategorien 1-3 (= Schwächen bzw. relative Nachteile des Konkurrenten) bewertet werden. Wenn das Konkurrenzunternehmen gleichwertig einzuschätzen ist bezüglich eines Kriteriums, wird es mit „4" bewertet.

Die Frage ist natürlich, wie das Unternehmen zu möglichst objektiven Einschätzungen des Verhältnisses zwischen sich und dem betrachteten Konkurrenzunternehmen kommt. Sicherlich ist dies keine Aufgabe für einen einzelnen Mitarbeiter, sondern sollte in Gruppenarbeit, z.B. im Rahmen eines Workshops angegangen werden.

Bereich		
Produktionsbereich	Art der Anlagen	1 2 3 4 5 6 7
	Modernisierungsgrad	1 2 3 4 5 6 7
	Kapazität der Anlagen	1 2 3 4 5 6 7
	Elastizität der Anlagen	1 2 3 4 5 6 7
	Qualität der Organisation der Fertigung	1 2 3 4 5 6 7
Forschungs- und	Intensität der Forschung und Entwicklung	1 2 3 4 5 6 7
Entwicklungsbereich	Personalausstattung	1 2 3 4 5 6 7
	Finanzielle Ausstattung	1 2 3 4 5 6 7
	Image	1 2 3 4 5 6 7
	Kooperationsmöglichkeiten	1 2 3 4 5 6 7
Marketingbereich	Produktbezogen:	
	- Sortiment	1 2 3 4 5 6 7
	- Produktzweck im Hinblick auf die Lösung von Kundenproblemen	1 2 3 4 5 6 7
	- Produktqualität	1 2 3 4 5 6 7
	- Produktgestaltung	1 2 3 4 5 6 7
	- Altersstruktur der Produkte	1 2 3 4 5 6 7
	- akquisitorische Wirkung des Produktionsprogramms	1 2 3 4 5 6 7
	Absatzbezogen:	
	- Effizienz der Vertriebsorganisation	1 2 3 4 5 6 7
	- Werbungskonzeption	1 2 3 4 5 6 7
	- Kundendienst	1 2 3 4 5 6 7
Finanzbereich	Eigenkapitalbasis	1 2 3 4 5 6 7
	Kapitalstruktur	1 2 3 4 5 6 7
	Verschuldungsgrad	1 2 3 4 5 6 7
	Möglichkeiten der Kapitalbeschaffung	1 2 3 4 5 6 7
Kosten	Höhe und Zusammensetzung	1 2 3 4 5 6 7
	Abbaufähigkeit	1 2 3 4 5 6 7
	Qualität der Kostenrechnung	1 2 3 4 5 6 7
Personalbereich	Alters- und Geschlechtsstruktur	1 2 3 4 5 6 7
	Qualifikation	1 2 3 4 5 6 7
	Motivation	1 2 3 4 5 6 7
	Betriebsklima	1 2 3 4 5 6 7
Bereiche mit Einflußmöglichkeiten auf externe Stellen	Vertragsgestaltung	1 2 3 4 5 6 7
	Lobby	1 2 3 4 5 6 7

Eigenes Unternehmen

Abbildung 8: Stärken-Schwächen-Profil der Konkurrenz

Fazit:

Werden die Informationen aus den 4 Bereichen (Ziele, Strategien, Annahmen und Fähigkeiten) verdichtet, ergibt sich ein aussagefähiges Bild über den Konkurrenten. Insbesondere 4 Fragen sollen dadurch beantwortet werden:

- Ist der Konkurrent mit seiner gegenwärtigen Situation zufrieden?
- Welche voraussichtlichen Schritte oder strategische Veränderungen wird der Konkurrent vornehmen?
- Wo ist der Konkurrent verwundbar?
- Was wird die größte und wirkungsvollste Reaktion des Konkurrenten hervorrufen? (die wir vielleicht gar nicht wollen; wenn der Konkurrent wesentlich größer ist als wir, macht er uns möglicherweise platt!)

Wenn diese Fragen beantwortet sind, haben Sie ein sogenanntes Reaktionsprofil des Konkurrenten aufgestellt.

Im Rahmen von Konkurrenzanalysen wird auch häufig vom **Benchmarking** gesprochen. Das ist aber kein Synonym zum Begriff Konkurrenzanalyse, sondern eine Weiterentwicklung des Betriebsvergleichs. Wegen der zunehmenden Bedeutung des Benchmarkings machen wir einen kleinen **Exkurs** zu diesem Bereich:

(a) Begriff Benchmarking

Komischer Begriff, oder? „Bench" heißt ja Bank, z.B. Werksbank, und „mark" bedeutet Markierung, also ungefähr „Markierung in der Bank". Stellen Sie sich vor, ein Schreinermeister hat vor 100 Jahren auch schon Standardfensterrahmen angefertigt, sagen wir 120 cm x 80 cm, und es irgendwann satt gehabt, jedesmal wieder neu abzumessen. Also hat er sich eine Markierung („mark") bei 80 cm und eine bei 120 cm in seine Werksbank („bench") geschnitzt, seine Orientierungsgröße, seine Benchmark, dann sein Holz hingelegt und entsprechend abgesägt. Diese Orientierungsgröße ist im übertragenen Sinn ein Unternehmen, das etwas Bestimmtes besser kann als das eigene Unternehmen. Dieses Unternehmen stellt einen Maßstab für Ihr Unternehmen dar (engl. Benchmark = Maßstab). **Benchmarking** bedeutet Maßstäbe setzen, und bezeichnet im wirtschaftlichen Sinn eine vergleichende Analyse mit einem anderen, bezüglich des Analyseobjekts besser aufgestellten Unternehmens bzw. Unternehmensbereichs.

Benchmarking bezeichnet in der Betriebswirtschaft eine Managementmethode, mit der sich durch Vergleich bessere Methoden und Praktiken (Best Practices) identifizieren und auf die eigene Situation anpassen lassen.

Wenn Sie sich sportlich verbessern wollen, versuchen Sie dann einem schlechten Sportler etwas abzuschauen? Sicherlich nicht. Und die Unternehmen sind auch nicht so blöd, sie lernen natürlich von den Besten (best practises).

(b) Benchmarkingprozess

Wie läuft Benchmarking nun ab? Mit ein bisschen Nachdenken kommen Sie da sicherlich selbst drauf, aber wie schon gesagt, Sie müssen das Rad ja nicht ein zweites Mal erfinden.

(1) Auswahl des Benchmarking-Objektes

Es kommt darauf an, was Sie bei sich, in Ihrem Unternehmen verbessern wollen. Handelt es sich um ein bestimmtes Produkt, oder eine bestimmte Methode oder vielleicht um einen Prozess? Gehen wir mal davon aus, dass ein Prozess bei Ihnen nicht mehr so klappt. Man nennt das Ganze dann auch „Prozess-Benchmarking", weil Sie ja einen Prozess auf Vordermann bringen wollen. Das Problem hierbei ist, dass Sie defizitäre Prozesse erst einmal identifizieren müssen. Oder wissen Sie immer automatisch, was bei Ihnen im Unternehmen schlecht läuft?

Privat wissen es doch viele auch nicht, was bei ihnen suboptimal läuft, bis Sie dann auf einmal mit großen, verwunderten Augen vor einem Abgrund stehen. Das ist beispielsweise mit der Mann-Frau-Kiste doch so eine Sache. Die zukünftigen Ex-Partner haben sich am Anfang der Beziehung unheimlich lieb, gewöhnen sich dann aneinander, und nach einer Zeit wird damit begonnen, den anderen ein bisschen verändern zu wollen. Besonders Frauen sind in dieser Sportart sehr aktiv. Die Frisur könnte ein bisschen anders sein, und wenn es zu Muttern geht, könnte er auch mal ruhig die guten Hosen anziehen, und im Stehen pinkeln geht ja überhaupt nicht. „Ist zwar ein guter Typ, so wie ich ihn kennengelernt habe, aber das eine oder andere ist doch noch ein wenig verbesserungswürdig." Nachdem dieser Change-Managementversuch meistens in die Binsen geht, lebt dann jeder seinen eigenen Stiefel, und am Ende stehen sich 2 Typen gegenüber, die in völlig anderen Welten leben, und sich nicht mehr viel zu sagen haben. Die Zeit zwischen „ich dich auch" und „du mich auch" nennt man dann Beziehung. Da wäre es doch ziemlich gut gewesen, diesen defizitären Beziehungsprozess möglichst am Anfang zu erkennen, um entsprechend entgegenwirken zu können.

Und genau das ist auch der Inhalt der ersten Phase des Benchmarkingprozesses, nämlich die Identifikation der defizitären Prozesse.

Sie als Personalleiter stellen beispielsweise fest, dass der Personalbeschaffungsprozess nicht mehr zielführend läuft. Woran Sie das merken? Na ja, durch ständige Beschwerden von Ihren internen Kunden beispielshalber, wie z.B. vom Produktionsleiter Herrn Ausschuss, der moniert, dass das benötigte Personal zu spät zur Verfügung steht und außerdem oftmals nichts taugt. Klar, die neu beschaffte Managementassistentin Susi hat zweifelsfrei schöne Rundungen, die aber nicht besonders hilfreich beim Schreiben von Berichten an die Geschäftsleitung sind, und zu diesem Zweck eigentlich nur im Wege stehen.

(2) Bestimmung von Messgrößen (= Kennzahlen = Vergleichswerte)

Anhand von Messgrößen wie z.B.

- o der Durchlaufzeit des Personalbeschaffungsprozesses von der Personalanforderung bis zur Personaleinstellung,
- o den Kosten dieses Prozesses,
- o oder der Qualität des Prozesses, z.b. gemessen anhand der Frühfluktuationsrate (wie viele Mitarbeiter kündigen oder werden gekündigt während der Probezeit)

messen und analysieren Sie Ihren Prozess.

(3) Setzen von Zielen für den eigenen Prozess

Beispielsweise sollen die unbefriedigenden Werte bezüglich Durchlaufzeit und Kosten des betrachteten Prozesses verbessert werden. Die bisherige Durchlaufzeit des Prozesses von durchschnittlich 12 Wochen soll auf 8 Wochen reduziert werden, sowie die Personalbeschaffungskosten von momentan durchschnittlich 10.000 Euro pro eingestellter Person auf 6.000 Euro gesenkt werden.

(4) Auswahl einer geeigneten Benchmark

Das ist je nach Art der Benchmark mehr oder minder schwierig. Bei einer sogenannten **internen** Benchmark bereitet es weniger Schwierigkeiten als bei einer **externen** Benchmark an deren Informationen heranzukommen. Was das ist, wird gleich anschließend erklärt, immer mit der Ruhe! Klar Ihr Wissensdrang hat sich mittlerweile ins Unermessliche gesteigert, Sie können nicht mehr atmen ohne neue Wissensaufnahme, aber „eile mit Weile", denn „der Weise kennt keine Hast, und der Hastende ist nicht weise". „Nicht die Zeit rennt, sondern Du". Oder wie Igor Strawinsky meinte: „Ich habe keine Zeit, mich zu beeilen", Wollen Sie noch ein paar solche Sprüche, oder sind Sie davon überzeugt, dass man mit Ruhe schneller ans Ziel kommt? Was der Froschauer mir da wieder unterstellt! Sie waren ja auch gar nicht gemeint!

Oftmals werden mit der Auswahl einer geeigneten Benchmark spezialisierte Beratungsunternehmen eingeschaltet, die den Kontakt zu einer externen Benchmark herstellen und eine vertrauliche Behandlung der sensiblen Daten zusichern.

(5) Analyse des Vergleichsprozesses der Benchmark

Der Prozess der Benchmark wird mit den gleichen Größen gemessen und analysiert wie der eigene Prozess. Das Ergebnis ist in der Regel ein zielführenderer Prozess, als der eigene, sonst hätten Sie sich den ganzen Aufwand ja sparen können. Sie stellen beispielsweise fest, dass Ihre Benchmark den Personalbeschaffungsprozess in durchschnittlich 7 Wochen absolviert, und Personalbeschaffungskosten in Höhe von 5.800 Euro durchschnittlich zu verzeichnen hat. Sie wissen jetzt natürlich auch, warum dieser Prozess besser läuft, bzw. was Sie in Ihrem Unternehmen eventuell falsch machen. Die Managementassistentin Susi wurde beispielsweise Tests unterzogen, die mit ihrer zukünftigen Tätigkeit nichts zu tun hatten, die zwar das Betriebsklima kurzzeitig enorm verbesserten, aber sehr zeit - und kostenintensiv waren. Susi war es auch nicht ganz klar, warum sie spärlich bekleidet zu lasziver Musik tanzen sollte, und das vor der halben Belegschaft. Der Hinweis des Testverantwortlichen Herr Voyeur, dass dieses Verhalten zur Steigerung der Servicequalität gegenüber den internen Kunden beiträgt, leuchtete Susi dann auch unmittelbar ein. Nach dieser profunden Erkenntnis sind wir auch schon bei der (vorerst) letzten Phase angelangt:

(6) Entwicklung der eigenen „best practice"

Das soll so viel heißen, dass Sie sich eine Scheibe vom Prozess des Konkurrenten abschneiden, soll aber nicht heißen, dass Sie den Prozess der Benchmark 1 : 1 übernehmen. Das klappt in der Regel nicht, weil der Bedingungsrahmen zweier Unternehmen niemals gleich ist. Aber man kann Denkanstöße und Ansatzpunkte für den eigenen Prozess gewinnen.

(c) Benchmarkarten

(1) Interne Benchmarks

Die Benchmark befindet sich in der eigenen Organisation. Hier wären hauptsächlich zu nennen:

- **Werke**

  Ein Spirituosen-Hersteller mit insgesamt 4 Werken vergleicht periodisch die Produktionsprozesse aller seiner Werke miteinander, findet die „best practices" eines Werkes heraus, und definiert diesen Prozess als Benchmark für die anderen Werke (als Belohnung für den „Beschten" gibt es dann eine extra Ration Schnaps für alle Mitarbeiter).

- **andere Funktionsbereiche**

  Der Personalbereich eines Spirituosen-Herstellers nimmt einmal den erfolgreichen Materialbeschaffungsprozess im Materialbereich unter die Lupe, um für seinen Personalbeschaffungsprozess, der Ähnlichkeiten aufweist, Erkenntnisse zu gewinnen. Er stellt dabei eine gute betriebliche Stimmung unter leichten Alkoholeinfluss fest, und überlegt sich, inwiefern man diesen Erfolgsfaktor auf den eigenen Prozess übertragen kann.

- **andere Sparten** (Geschäftsbereiche)

  Die Sparte Spirituosen eines stark diversifizierten Unternehmens (d.h. viele verschiedene Geschäftsbereiche) analysiert den gut laufenden Personalbeschaffungsprozess der Sparte Babynahrung, um sich eventuell eine Scheibe abzuschneiden, und den eigenen Personalbeschaffungsprozess zu optimieren.

- **Tochtergesellschaften innerhalb eines Konzerns**

  Das Spirituosen-Unternehmen gehört zu einem internationalen Konzern, und stellt über die Konzernmutter einen Kontakt zu einer Tochtergesellschaft, welche Dessous produziert, her. Hier bewährt sich wieder einmal das Prinzip: "Über die Mutter kommt man auch an die Tochter ran". Die Alkis vom Vertrieb wollen sich ein Bild über die „Festigung der Kundenbeziehungen" dieses Dessous-Unternehmens machen, und verfolgen diesen Prozess bis zur Endkundin (und bewerben sich anschließend bei der Dessous-Firma, oder heiraten die Endkundin).

Vorteile des internen Benchmarkings sind, dass die Daten relativ leicht erhältlich und Vergleiche auf Kennzahlenebene möglich sind. Ein **Nachteil** könnte die mangelnde Akzeptanz sein, da „der Prophet im eigenen Land" oft nicht viel wert ist. Außerdem ist auch mit einer gewissen „Betriebsblindheit" zu rechnen.

(2) Externe Benchmarks

Hier wird unterschieden zwischen Benchmarks derselben Branche und Benchmarks anderer Branchen.

Gleiche Branche (Wettbewerbsbenchmarking)

Die Benchmarking-Partner sind Unternehmen aus derselben Branche. Natürlich ist es wesentlich schwieriger an die Daten des Wettbewerbers heranzukommen, und bedingt deshalb eine besonders gute Vorbereitung sowie eine sehr offene Kommunikation der Benchmarkingpartner. Leichter ist dieses Unterfangen, wenn die wichtigsten Wettbewerber z.B. einem Verband angehören, der Benchmarking für seine Mitglieder anbietet. Wenn jeder Teilnehmer die Sicherheit erhält, dass die abgegebenen und erhaltenen Informationen diskret behandelt werden, und in einem ausgewogenen Verhältnis stehen (Geben und Nehmen), werden sich mögliche Partner auch entsprechend „öffnen". Die Kooperation könnte dann z.B. folgendermaßen aussehen:

Die interessierten Verbandsmitglieder definieren gemeinsam mit dem Verband die Themen des Benchmarkings und arbeiten Benchmarking-Vergleiche aus. Je nach Themenstellung werden die Mitglieder direkt in den Benchmarkingprozess integriert, oder der Verband entwickelt den Vergleich für seine Mitglieder. Die notwendigen Daten werden z.B. online erhoben und individuell für jeden Teilnehmer ausgewertet. Jeder Teilnehmer erhält regelmäßig eine Auswertung, meist in Form von Kennzahlen. Sie können dann erkennen, welche Verbandsmitglieder bezüglich des betrachteten Benchmarkobjekts besser dastehen, und können deren Prozesse analysieren.

Andere Branche

- **Markt-übergreifendes Benchmarking**

  Hier wird ein Funktionsbereich des Unternehmens, wie z.B. die Logistikabteilung und deren Prozesse mit einem Unternehmen verglichen,

dass sich auf diese Funktion spezialisiert hat, wie z.B. ein Logistik-
Dienstleistungsunternehmen. Klar, dass man von einem Spezialisten, der
den ganzen Tag nichts anderes macht wie z.B. Logistik, sehr viel darüber
lernt, oder?

- **Best-Practice-Benchmarking**

  Diese Variante ist die reinste Form des Benchmarkings. Hier findet ein
  branchen- und funktionsübergreifender Vergleich von Prozessen und
  Methoden statt. Es wird hier ein Vergleich zwischen Unternehmen
  unterschiedlicher Branchen und Funktionen angestrebt. Beispielshalber das
  Fließbandprinzip, das ja immer dem Automobilbauer Henry Ford
  zugeschrieben wird, hat sich Ford eigentlich von einer Großschlachterei in
  Chicago abgeschaut.
  Eine Fluggesellschaft hat einmal den Boxenstop in der Formel 1 genau
  analysiert, um daraus Erkenntnisse für die Flugzeugabfertigung am
  Flughafen zu gewinnen.

4.1.6.5. Unternehmensanalyse

Grundlagen, Ziele und Aufgaben der Unternehmensanalyse

Jetzt müssen wir selbstverständlich noch schauen, zu was wir selbst fähig sind. Gehen wir
doch wieder zu unserem Boxer-Beispiel. Eine Ihrer **Stärken** liegt in einer exzellenten
Beinarbeit, Sie verstehen es, um den Gegner herumzutänzeln und ihn zu necken, was der
Gegner in der Regel nicht als eine Aufforderung zum Tanz versteht, sondern ihn ganz
schön wütend machen kann. Vielleicht schaut er auch ganz verdutzt auf Ihre Füße, und
schon bekommt er aufgrund Ihrer enormen Schnelligkeit, einer weiteren Stärke von Ihnen,
eine auf den Gong. Leider zeigt Ihr Punch auf den Kopf nicht die gewünschte Wirkung,
weil die Schlagkraft Ihrer Fauststöße nicht gerade zu Ihren Stärken gehört. Im Einstecken
von hammerartigen Rechten sind Sie alles andere als ein Champion, eine weitere
Schwäche von Ihnen. Deswegen müssen Sie aufpassen, dass Ihr Gegner nicht sofort
kontert, und Sie auf die Bretter schickt. Sonst ist es aus mit dem Traum vom Titel, und
Carla, die den Kampf anfangs begeistert mit verfolgt hat, wendet sich enttäuscht ab. Auch
das Familienglück scheint jetzt gefährdet. Was bleibt? Der Suff? Nein, die Schwächen
soweit wie möglich abbauen und die Stärken weiter ausbauen. Dann klappt's auch wieder
mit der Carla.

Bei der Unternehmensanalyse geht es demnach um die Feststellung der Stärken und
Schwächen unseres Unternehmens. Sie wird häufig auch **Potentialanalyse** genannt, da
die Potentiale (Möglichkeiten) des Unternehmens ausgelotet werden.

Aus diesen Ergebnissen lassen sich Wettbewerbsvorteile entwickeln. Die gewonnenen
Informationen geben Aufschluss darüber, ob und in welchem Maße zusätzliche Potentiale
aufgebaut werden müssen.

Vorgehensweise bei der Unternehmensanalyse

Wie gehen Sie jetzt am besten dabei vor?

1.Schritt: Untersuchung der Stärken und Schwächen des Unternehmens
Der Ausgangspunkt dafür bildet eine Liste der vergangenen Erfolge und Misserfolge, und deren interne Ursachen hierfür. Interne Ursachen für Erfolge geben Hinweise auf Stärken des Unternehmens, interne Ursachen für Misserfolge dagegen Hinweise auf Schwächen des Unternehmens.

2. Schritt: Durchführung der eigentlichen Potentialanalyse
Zunächst werden die kritischen Erfolgsfaktoren, d.h. die Variablen, die für ein erfolgreiches Agieren in einer Branche von besonderer Bedeutung sind, bestimmt. Hierzu werden alle Unternehmensfunktionen wie z.B. Beschaffung, Produktion, Marketing, Investition, Finanzierung, Personal, Management, Organisation etc. abgeklappert und auf Stärken und Schwächen hin untersucht. Als Bezugsgröße kann da der stärkste Konkurrent dienen. Sind wir in einem bestimmten Bereich besser als er, kann man das als Stärke, sind wir schlechter als er in diesem Punkt, als Schwäche interpretieren. Das haben Sie schon mal gehört? Ja, richtig. Bei der Konkurrenzanalyse. Ist ja auch klar, der Konkurrent hat ja normalerweise die gleichen Funktionsbereiche wie Ihr eigenes Unternehmen. Demnach können wir sie auch wieder als Stärken-Schwächen-Profil **Ihres Unternehmens** darstellen.

Bereich		1 2 3 4 5 6 7
Produktionsbereich	Art der Anlagen	1 2 3 4 5 6 7
	Modernisierungsgrad	1 2 3 4 5 6 7
	Kapazität der Anlagen	1 2 3 4 5 6 7
	Elastizität der Anlagen	1 2 3 4 5 6 7
	Qualität der Organisation der Fertigung	1 2 3 4 5 6 7
Forschungs- und Entwicklungsbereich	Intensität der Forschung und Entwicklung	1 2 3 4 5 6 7
	Personalausstattung	1 2 3 4 5 6 7
	Finanzielle Ausstattung	1 2 3 4 5 6 7
	Image	1 2 3 4 5 6 7
	Kooperationsmöglichkeiten national und	1 2 3 4 5 6 7
Marketingbereich	Produktbezogen:	
	- Sortiment	1 2 3 4 5 6 7
	- Produktzweck im Hinblick auf die Lösung von Kundenproblemen	1 2 3 4 5 6 7
	- Produktqualität	1 2 3 4 5 6 7
	- Produktgestaltung	1 2 3 4 5 6 7
	- Altersstruktur der Produkte	1 2 3 4 5 6 7
	- akquisitorische Wirkung des Produktionsprogramms	1 2 3 4 5 6 7
	Absatzbezogen:	
	- Effizienz der Vertriebsorganisation	1 2 3 4 5 6 7
	- Werbungskonzeption	1 2 3 4 5 6 7
	- Kundendienst	1 2 3 4 5 6 7
Finanzbereich	Eigenkapitalbasis	1 2 3 4 5 6 7
	Kapitalstruktur	1 2 3 4 5 6 7
	Verschuldungsgrad	1 2 3 4 5 6 7
	Möglichkeiten der Kapitalbeschaffung	1 2 3 4 5 6 7
Kosten	Höhe und Zusammensetzung	1 2 3 4 5 6 7
	Abbaufähigkeit	1 2 3 4 5 6 7
	Qualität der Kostenrechnung	1 2 3 4 5 6 7
Personalbereich	Alters- und Geschlechtsstruktur	1 2 3 4 5 6 7
	Qualifikation	1 2 3 4 5 6 7
	Motivation	1 2 3 4 5 6 7
	Betriebsklima	1 2 3 4 5 6 7
	Lohnformen	1 2 3 4 5 6 7
Bereiche mit Einflußmöglichkeiten auf externe Stellen	Vertragsgestaltung	1 2 3 4 5 6 7
	Lobby	1 2 3 4 5 6 7

Stärkster Konkurrent

Abbildung 9: Stärken-Schwächen-Profil des eigenen Unternehmens

Die obige Abbildung stellt eine Unternehmensanalyse grafisch dar, wobei der mittlere Wert, in diesem Fall die „4" den stärksten Konkurrenten symbolisiert.

Jetzt lassen wir nicht so wie vorher, die Konkurrenten um uns „herumschwirren", sondern wir schwirren um den stärksten Konkurrenten.

Die Bewertung der Schlüsselfaktoren mittels Skalierung kann durch die Mitarbeiter aber auch durch Einbeziehung objektiverer Quellen wie z.b. durch Kundenbefragungen, erfolgen.

3. Schritt: Ermittlung der hinter diesen Potentialen liegenden Kernfähigkeiten und Kompetenzen.
Kernfähigkeiten sind z.B. besondere Wissensinhalte, oder Fähigkeiten und Fertigkeiten insbes. bei der Gestaltung der unternehmensinternen Prozesse, aus denen sich die Wettbewerbsvorteile/Potentiale ergeben. Bis jetzt weiß nur das Unternehmen was es drauf hat.

Aus den Kernfähigkeiten lassen sich nun **Kernkompetenzen** entwickeln. Das sind Leistungsbereiche, in denen der Markt dem Unternehmen eine besondere Leistungsfähigkeit zuerkennt.

Wenn Sie als Kunde sagen, das kann das Unternehmen echt gut, dann sind aus den Kernfähigkeiten „Kernkompetenzen" geworden, weil Sie als Kunde wissen, zu was das Unternehmen fähig ist, z.B. BMW zum Bau hervorragender Motoren.

Darauf aufbauend lassen sich die **Kernleistungen** eines Unternehmens entwickeln, d.h. Leistungen die eine hohe Nutzenstiftung beim Kunden bewirken, und damit einen großen Markterfolg versprechen.

4.1.6.6. SWOT – Analyse

Was haben wir bisher eigentlich im Rahmen der Umweltanalyse und Unternehmensanalyse in den Kapiteln 4.1.6.1 bis 4.1.6.5 gemacht? Hauptsächlich mal Informationen gesammelt. Wir wissen, was der Konkurrent treibt, was der Kunde will und wer er ist, was die anderen Stakeholder wollen, was es an Neuigkeiten in der Makro-Umwelt gibt, was der Markt hergibt und was wir selbst drauf haben. Jetzt wäre es natürlich furchtbar schlau, noch einen Schritt weiterzugehen, indem man diese gewonnenen Informationen zu Stärken und Schwächen sowie zu Chancen und Risiken verdichtet. Bei der Unternehmensanalyse haben wir die Informationen über unser Unternehmen ja schon als Stärken und Schwächen formuliert.

Jetzt brauchen wir noch eine Gesamtschau, und die liefert uns die SWOT-Analyse, wie sie von den klugen Planern genannt wird.

Im Rahmen einer SWOT-Analyse wird versucht, die allgemeine strategische Position des Unternehmens durch die Analyse und Prognose der Stärken und Schwächen sowie der

Chancen und Risiken zu ermitteln. Die SWOT-Analyse lässt sich in Kurzform folgendermaßen veranschaulichen:

S = Strengths   = Stärken
W = Weaknesses = Schwächen
O = Opportunities = Chancen
T = Threats   = Risiken

Stärken und Schwächen des Unternehmens haben wir – wie schon erwähnt – im Kapitel 4.1.6.5 ermittelt. Was noch fehlt ist demnach eine Chancen-Risiken-Analyse, d.h. die Daten aus der Makroumweltanalyse und der Mikroumweltanalyse (Kapitel 4.1.6.1 bis 4.1.6.4) werden zu Chancen und Risiken verdichtet. Es geht jetzt darum, die **externen Ursachen für mögliche Erfolge** oder eben **Misserfolge** festzustellen. Analog zur internen Stärken-Schwächen-Analyse kann man sagen, dass externe Ursachen für mögliche Erfolge Hinweise auf Chancen des Unternehmens, externe Ursachen für mögliche Misserfolge dagegen Hinweise auf Risiken des Unternehmens geben. Natürlich gibt es auch interne Risiken, z.B., dass das Bier ausgeht, die Software abschmiert, die hübsche Susi gekündigt wird, gutes Personal geht, die Liquidität aufgrund exzessiver Weihnachtsfeiern knapp wird und dergleichen mehr.

So können Sie sich beispielsweise überlegen, welche **Chancen** sich für Sie bieten, wenn Sie Manager werden. Sie haben dann womöglich ein höheres Einkommen, einen höheren Status und alle damit verbundenen Vorteile. Sie lernen möglicherweise auch andere Leute kennen, lassen Champagner fließen und Kaviar servieren und sind überhaupt ein großer Zampano. **Risiken** könnten sein, dass Sie gar keine Zeit mehr haben, um oben genannte Dinge zu realisieren, dass sich Ihr Lebenspartner distanziert und anderweitig amüsiert, dass Sie Bodenhaftung verlieren sowie Ihre bisherigen Freunde. Und das will doch keiner. Also immer schön auf dem Boden bleiben, auch wenn man Managerzampano wird.

So, jetzt geb ich Ihnen mal ein wenig Handwerkszeug mit auf den Weg, wie Sie so eine glitschige, weiche Materie wie Chancen und Risiken einigermaßen fassen können.

Liegen die Chancen und Risiken eines Unternehmens von Haus aus auf der Hand? Sind Sie sich bei Ihrem täglichen Handeln über damit verbundene Chancen und Risiken immer bewusst? Ehrlich? Dann Hut ab! Da sind Sie mir um Stufen voraus. Erfahrungsgemäß müssen mögliche Chancen und Risiken erst einmal identifiziert, anschließend analysiert und dann bewertet werden. Wie Sie sehen, reicht es anscheinend nicht aus, Risiken wie beispielsweise den Besuch der Schwiegermutter zu Weihnachten nur zu identifizieren. Sie müssen ein mögliches Risiko in seine Bestandteile zerlegen (= analysieren), sonst können Sie es nicht richtig greifen und „be-greifen". In unserem Fall müssen Sie damit rechnen, dass nach anfänglicher Harmonie Schwiegermama nach dem 4. Glas Glühwein wie gewohnt mit der Litanei beginnt, dass Sie sich schon etwas Besseres für Ihr Kind vorgestellt hätte, woraufhin Ihre Kinder die Chance nutzen, fluchtartig die Szenerie zu verlassen in Richtung Bar, und - was natürlich der „worst case" (schlimmster Fall) wäre - Sie nicht mitnehmen. Und und und… Nicht auszudenken, in welch tiefes Elend Menschen stürzen können. Oftmals ist der menschliche Geist gar nicht in der Lage, sich ein solches

Greuel vorzustellen! Anschließend freut sich das Risiko, wenn Sie es noch bewerten, weil es könnte ja sein, dass die Vermeidung des Risikos mehr Aufwand verursacht, als der mit dem Eintritt verbundene Schaden ausmacht. In unserem Fall sicherlich nicht, hier bekommt dieses Risiko höchste Priorität eingeräumt, noch vor dem Risiko der Pfändung all Ihrer Besitztümer aufgrund von Steuerschulden. So, das ist schon die halbe Miete im Bereich des Risikomanagements.

Was machen wir jetzt mit den erkannten, zerlegten und bewerteten Risiken? Wir können damit die Blumen gießen, die Straße pflastern oder den Nachbarn ärgern, „ellabätsch ich hab Risiken und Du ni-icht". Das machen jedoch die wenigsten Manager, nein, die haben sich genau überlegt, wie sie mit diesen Risiken umgehen. Es gibt lediglich vier logische Möglichkeiten im Umgang mit Risiken, die nachfolgend in der Reihenfolge Ihrer Wertigkeit kurz dargelegt werden.

Am besten wäre es natürlich, wenn Sie das Risiko einfach **vermeiden** könnten, indem Sie entsprechende Vorkehrungen treffen, wie z.B. die Schwiegermutter erst gar nicht zu Weihnachten einzuladen, oder aber einfach die Familie zu schnappen und unter den Palmen von Bora Bora „O du fröhliche..." anzustimmen. Da Sie aber ein höflicher Mensch sind, versuchen Sie das Risiko zu **minimieren**, indem Sie verlauten lassen, dass die Schwiegermama zwar herzlichst eingeladen ist, aber das Weihnachtsessen aufgrund großer Lebensumstellungen der gesamten Familie vegetarisch ausfällt und der Weihnachtsglühwein aufgrund der Einladung einiger anonymer, obdachloser Alkoholiker entfällt. Schaun wir mal, ob die gut genährte Schwiegermama sich blicken lässt. Wenn vermeiden oder minimieren nicht klappen sollte, hätten Sie immer noch die Möglichkeit das Risiko zu „**verschieben**". Unternehmen können beispielsweise ihre möglichen Risiken teilweise auf Versicherungen verschieben. Ich bin jetzt in der Versicherungsbranche nicht so auf dem Laufenden, und kann Ihnen nicht zweifelsfrei sagen, ob derartige Leistungen auch für Schwiegermütter und deren Kommen angeboten werden. Für ein entsprechendes Honorar mach ich mich aber gerne schlau für Sie. Ich merke schon, Sie wittern eine Marktlücke, und erkennen den Milliardenmarkt für eine entsprechende Dienstleistung, insbesondere wenn man bedenkt, wie viele Schwiegermütter es auf der Welt gibt. Bitte liebe Schwiegermütter, nehmen Sie mich nicht allzu ernst, und sehen Sie von einer Klage ab!

Was tun, wenn verschieben auch fruchtlos ist? Dann bleibt nur noch das „**bewusste in Kauf nehmen**" des Risikos, und mit bewusst meine ich, dass Sie es nicht aus den Augen verlieren dürfen. Sie müssen dann sozusagen dem personifizierten Risiko „Schwiegermama" in die vernichtenden Augen sehen.

Genauso funktioniert Risikomanagement auch im Betrieb: Risiken identifizieren, analysieren und bewerten, und dann entsprechende Maßnahmen planen, um die Risiken zu vermeiden, zu minimieren, zu verschieben, oder gegebenenfalls bewusst in Kauf zu nehmen.

Zur Wahrung der Übersichtlichkeit sollten die identifizierten Chancen und Risiken aus der Makro- und Mikroumwelt bezüglich ihrer

- Eintrittswahrscheinlichkeit und der
- Bedeutung für das Unternehmen

in eine Rangfolge gebracht werden. Hierzu werden Chancen und Risiken erst einmal –
z.B. mit Hilfe von untenstehendem Raster – aufgelistet,

	Chancen	Risiken
Makroumwelt		
Mikroumwelt		

Abbildung 10: Chancen-Risiken-Matrix

anschließend bezüglich ihrer Eintrittswahrscheinlichkeit bewertet

	sehr hoch (1)	hoch (2)	mittel (3)	Niedrig (4)	Unwahrscheinlich (5)
Chancen					
Risiken					

Abbildung 11: Darstellung der Eintrittswahrscheinlichkeit von Chancen und Risiken

und in einem weiteren Schritt in Hinblick auf ihre Bedeutung für das Unternehmen
eingestuft.

	sehr hoch (1)	hoch (2)	mittel (3)	gering (4)	sehr gering (5)
Chancen					
Risiken					

Abbildung 12: Bedeutsamkeit der Chancen und Risiken

Jetzt ist es ein Kinderspiel nach der großartigen Vorarbeit, die Sie geleistet haben, eine Rangfolge der Risiken aufzustellen. Haben Sie beispielsweise dem Risiko „Schwiegermama zu Weihnachten" eine sehr hohe Eintrittswahrscheinlichkeit eingeräumt, bekommt es diesbezüglich die Rangstufe 1 zugeordnet. Haben Sie diesem möglichen Ereignis auch noch eine sehr hohe Bedeutung beigemessen, bekommt das Risiko bezüglich dieses Kriteriums ebenfalls die Rangstufe 1 verpasst. Diese beiden Werte können Sie jetzt addieren (auch multiplizieren wäre möglich). Die Risiken mit der kleinsten Summe (hier: 2) werden mit der höchsten Priorität, die mit der größten Summe mit der niedrigsten Priorität versehen.

Rangfolge	Chancen	Risiken
1.		
2.		
3.		

Abbildung 13: Rangfolge der Chancen und Risiken

Die SWOT-Analyse führt nun die unternehmensinternen und die umweltbezogenen Aspekte zusammen, was durch eine Matrix verdeutlicht werden kann. Das Schöne ist jetzt, dass man aus dem Zusammenspiel von Stärken, Schwächen, Chancen und Risiken Strategien ableiten kann. Sie haben natürlich recht, wir haben noch gar nicht das Kapitel

Strategien. Aber es bietet sich eben an, die aus der SWOT-Analyse resultierenden Strategien gleich hier zu behandeln.

	Opportunities (Chancen) 1. 2.	**Threats** (Risiken) 1. 2.
Strengths (Stärken) 1. 2. 3.	SO-Strategien	ST-Strategien
Weaknesses (Schwächen) 1. 2. 3.	WO-Strategien	WT-Strategien

Abbildung 14: Abgeleitete Strategien aus der SWOT-Analyse

Nehmen wir zum Beispiel mal einen PKW-Hersteller, der unglaublich viel Know-how im Motorenbau besitzt, aber im Vergleich zur Konkurrenz in der Werbung schwach auf der Brust ist. Außerdem hat das Unternehmen hohe innerbetriebliche Kosten aufgrund einer schlechten Ausnutzung der Firmenareale. Als besondere Chance sieht dieses Unternehmen den chinesischen Markt an, der sich für Automobile rasant entwickeln wird, und als besonderes Risiko werden verschärfte Umweltauflagen wie z.B. die Feinstaubverordnung aus Brüssel angesehen. Ein weiteres Risiko sieht das Unternehmen in einer mangelnden Wettbewerbsfähigkeit aufgrund zu hoher Kosten. Hieraus kann man jetzt durch eine Kombination der 4 Anfangsbuchstaben wunderbar folgende 4 Standardstrategien entwickeln:

SO-Strategien (Stärken ausbauen, um Chancen zu nutzen)
Diese dienen zur Nutzung der Chancen des Unternehmens unter Einsatz von dessen Stärken. So kann zum Beispiel die Chance des schnell wachsenden Marktes in China genutzt werden, durch den Ausbau der Stärken des Unternehmens im Motorenbau, um diesen aufstrebenden Markt auch mit PS-schwächeren Fahrzeugen bedienen zu können.

ST-Strategien (Stärken ausbauen um Risiken zu minimieren)
Demgegenüber strebt man bei den ST-Strategien den Ausgleich bzw. die Entschärfung von Risiken durch das Besinnen auf die eigenen Stärken an. Auch der Gefahr einer

Verschärfung der Feinstaubverordnung kann dieses Unternehmen dank seines Know-how's in der Motorentechnik durch die Entwicklung energiesparender Systeme begegnen.

WO-Strategien (Schwächen abbauen um Chancen zu nutzen)

Mit WO-Strategien will man Chancen nutzen, indem Unternehmensschwächen abgebaut werden. So müsste dieses Unternehmen die Schwäche in der Werbung abbauen, um von einem wachsenden Markt in China besser profitieren zu können.

WT-Strategien (Schwächen abbauen um Risiken zu minimieren)

Hierbei wird darauf abgezielt, Schwächen abzubauen um Risiken reduzieren zu können. Dieses Unternehmen kann versuchen, die Firmenareale besser zu nutzen, um dem Risiko einer schlechten Wettbewerbsposition entgegenzuwirken.

Als Fazit der ganzen Chose lässt sich festhalten, dass mit Hilfe der SWOT-Analyse notwendige Veränderungen der strategischen Position des Unternehmens in der Zukunft erkannt und vorweggenommen werden können. Man versucht damit, die Konsequenzen von zukünftigen Situationen für das Unternehmen zu bestimmen. Wie man zukünftige Zustände einigermaßen einschätzen kann, ist Inhalt des nächsten Kapitels „Prognose".

4.1.7.   Prognose

Schon mal eine Frage vorab: Handelt es sich bei einer Prognose um einen Ist- Zustand oder einen Soll-Zustand? Überlegen Sie genau. Nach reiflicher Überlegung kommen Sie zu dem Ergebnis: Bei einer Prognose handelt es sich selbstverständlich um einen Sollzustand, liegt ja in der Zukunft, und außerdem steht es so in jedem 2. Buch. Schauen wir uns anhand von 2 Beispielen mal an, **ob das stimmt**.

4.1.7.1.   Begriffsbestimmung

Das Wesen der Prognose wird im Folgenden anhand von 2 Beispielen erläutert.

Beispiel Wetterprognose:

Sie sind ein Sommerkind und damit ein Sunnygirl oder Sunnyboy, und das ist besser als ein Sony-Boy, der bei schönem Wetter nur an seiner X-Box hängt. Was soll nur werden aus unserer Jugend? Und Sie wollen zu Ihrem Geburtstag Mitte Juli eine Party am See feiern mit Ihren bereits erwähnten 1000 engeren Freunden. Für Sie als Projektmanager ja kein Problem. Aber die Wetterprognose sagt Regen voraus. „Soll" das so sein? Merken Sie was? Nein, das **soll** nicht so sein, der Sollzustand wäre schönes Wetter bei sommerlichen Temperaturen, damit das Bier locker fließt. Eine Prognose ist demnach ein für wahrscheinlich gehaltener **Ist**-Zustand, der genau wie der Sollzustand in der Zukunft liegt. Parallel zur Begriffsbestimmung Planung könnte man auch sagen, eine Prognose ist „die gedankliche Vorwegnahme von zukünftigen Entwicklungen".

Beispiel Alkoholiker:

Ein Mann mit Alkoholproblemen (Probleme hat er wahrscheinlich eher ohne Alkohol) geht zum Arzt. Der „prognostiziert": "In 2 Jahren haben Sie Hepatitis, wenn Sie so weitersaufen, und in 4 Jahren Leberzirrhose." Soll das so sein? Nein, Soll wäre Gesundheit, und weg vom Alkohol.

Die 2 Beispiele unterscheiden sich jedoch in einem wesentlichen Punkt. Das Wetter kann das Geburtstagskind nicht ändern, außer es hat gute Beziehungen zu Petrus. Trotzdem bewirkt diese Prognose, dass man sich auf diese Situation einstellt. Sie könnten z.B. zur Sicherheit ein paar Zelte mitnehmen oder das Hilton komplett mit Pool für Ihre Party mieten.

Das ist übrigens eine Betrachtungsweise, welche die „Couchpotatoes" und Fatalisten bis heute nicht kapiert haben. Sie können zwar die Zukunft wie z.B. das Wetter am Wochenende nicht verändern, Sie können aber Ihre eigene Zukunft gestalten, indem Sie z.B. ein Zelt mitnehmen. Und was sagen die Fatalisten: "Es kommt ja eh wie es eben kommt, da kann man nichts machen, bleib ich doch lieber auf der Couch liegen" und vergammeln dann dort, finanziert durch das Elternhaus mit einem nahtlosen Übergang in die staatliche Unterstützung und dann ab in die Rente. Auch eine Art von Lebensplanung.

Das Beispiel Alkoholiker ist anders gelagert. Er kann seine Situation aktiv ändern, indem er mit dem Trinken aufhört.

Fazit: Prognosen sind „gedankliche Vorwegnahmen von zukünftigen Entwicklungen, die für wahrscheinlich gehalten werden". Es handelt sich um mögliche Ist-Zustände in der Zukunft.

4.1.7.2. Prognose-Methoden

Zur Verringerung der **Ungewissheit** sowie zur Lösung komplexer Probleme werden heute im Rahmen der betriebswirtschaftlichen Planung und Entscheidungsfindung in vielen Funktionsbereichen eines Unternehmens sowohl qualitative als auch quantitative Prognose-Methoden eingesetzt.

Viele dieser Methoden basieren auf Vergangenheitsdaten, welche in der betrieblichen Praxis allerdings nicht immer vorliegen. Sie machen sich beispielsweise Gedanken darüber, wie viel Geld werde ich denn wahrscheinlich in 5 Jahren verdienen aufgrund meiner bisherigen Einkommensentwicklung. Das sollten Sie auch, da Carla Ihnen schon zu verstehen gab, dass man in einer 5-Zimmer-Wohnung zu zweit in München doch verhältnismäßig beengt wohnt, und dass die Lage zwecks Shopping ein wenig zentraler sein könnte, beispielsweise Marienplatz. Auch Ihre Vorstellung, den VW Polo gegen einen kleinen Bentley einzutauschen (man muss ja nicht immer gleich übertreiben), erfordert sich mit Szenarien der Zukunft auseinanderzusetzen. Szenarien sind für möglich gehaltene Zukunftsbilder.

(a) Qualitative Prognose-Verfahren

Qualitative Prognose-Methoden sind oft subjektive Einschätzungen, die durch Befragungen von Experten mit entsprechendem Fachwissen erstellt werden. Sie versuchen Trends vorherzusehen und liefern eher weniger konkrete Zahlen. Experten könnten Großkunden. Händler, Lieferanten, eigene Mitarbeiter z.B. im Vertrieb oder in der F&E usw. sein.

(1) Experimentelle Prognose-Verfahren

Im Rahmen der Marktforschung werden auch **experimentelle Prognose-Verfahren** eingesetzt wie der Produkttest, der Storetest und der Markttest (auf einem Testmarkt).

Beim **Produkttest** wird Ihnen und anderen Versuchspersonen z.B. eine Suppe vorgesetzt, die Sie auslöffeln sollen (wie so oft im Leben). Aufgrund Ihrer verbalen Äußerungen wie z.B. „wo ist denn der Hund?" Versuchsleiter: „Ja welcher Hund?" Sie: „Der Hund, der das fressen soll" oder auch durch nonverbale Anzeichen wie ein verzogenes Gesicht oder ein schneller Marsch zur Toilette, wird versucht eine Prognose über die Verkäuflichkeit dieses Produkts abzugeben.

Auch mittels **Storetests**, d.h. die Produkte werden erst einmal in einer festgelegten Anzahl von Läden (z.B. 30) verkauft, und **Markttests**, d.h. die Produkte werden vorläufig auf einem abgegrenzten Testmarkt, z.B. Kleinwölferode vertrieben, versucht man Prognosen über die Verkäuflichkeit von Produkten abzugeben.

(2) Delphi-Methode

Eine weitere qualitative Methode stellt die **Delphi-Methode** dar, eine besondere Art der strukturierten Gruppenbefragung. Dabei werden die Experten wie das Orakel von Delphi bei den alten Griechen gesehen. Wenn die alten Griechen mal Eheprobleme hatten, oder sie nicht wussten, wie sie sich den neuen Sportauspuff für ihren Zweisitzer finanzieren sollten, oder wissen wollten, was die Zukunft hält so bringt, haben sie die beschwerliche Reise zum Orakel aufgenommen, haben zum Ehepartner noch gesagt, ich bin dann mal weg, und sind da hin gelatscht. Dort angekommen, haben sie das Orakel befragt, und meistens hat dann das Orakel kluge Sprüche ausgespuckt. Ja, und das sollen unsere Experten bei dieser Expertenbefragung auch.

Obwohl es unterschiedliche Interpretationen der Delphi-Methode gibt, scheint es eine ihnen gemeinsame, grundlegende Idee zu geben. Diese besteht darin, dass in mehreren Wellen Expertenmeinungen genutzt werden, um diese dann in ein anonymes Feedback-Verfahren Schritt für Schritt einzubauen, um daraus Erkenntnisse für die Zukunft zu ziehen.

Die Delphi-Methode besteht im Wesentlichen darin, dass

- eine nach situationsspezifischen Kriterien ausgewählte, **anonym** bleibende **Expertengruppe**

- in bestimmter Form **mehrstufig** befragt wird und

- durch eine **Rückkopplung** der Ergebnisse eine Annäherung zwischen den Aussagen erreicht werden kann.

Alles klar? Nein? Dann noch ein paar Ausführungen zu den wichtigsten Bestandteilen der Delphi-Methode.

Expertengruppe

Der Expertenbegriff wird ziemlich weit gefasst. Gemeint sind entweder Personen, die im fraglichen Fachgebiet forschen oder in diesem Gebiet beruflich tätig sind und damit einschlägige Erfahrung haben. Erfahrungswerte zeigen, dass mindestens sieben Experten in einer Delphi-Befragung teilnehmen sollten. Auf Sie kann man da auf keinen Fall verzichten!

Anonymität

Sie ist wesentlicher Bestandteil des Verfahrens und soll gruppenkonformes Verhalten von Experten (Stichwort: persönliche Sympathien bzw. Antipathien, hierarchische Einordnungsprobleme) sowie einen möglichen „Gesichtsverlust" bei Änderungen der Einschätzungen verhindern. Sie kennen das doch, wenn man mit Gleichgesinnten wie z.B. Professoren zusammensitzt. Da will jeder seinen Standpunkt durchsetzen, und gibt kaum nach, weil man ja keinen Gesichtsverlust erleiden möchte, zumal das auch doof aussieht ohne Gesicht herumzulaufen, und der Lebenspartner nicht jedem gesichtslosen Fremden sein Heim anbietet. Die Anonymität wird durch die Verwendung von Fragebögen gewährleistet. Die Experten bleiben bei der Beantwortung der Fragen jeweils für sich und geben ihr Urteil isoliert voneinander ab.

Sämtliche individuelle Aussagen aller Experten zu bestimmten Punkten werden bei der Auswertung in einer Gesamtaussage zusammengefasst, wodurch die Anonymität zusätzlich unterstützt wird.

Mehrstufigkeit

Die Delphi-Befragung vollzieht sich mehrstufig, d.h. sie umfasst mehrere Schritte:

- Nach mehreren Befragungsrunden werden die Ergebnisse zusammengetragen.

- Durch diese Mehrstufigkeit wird ein Lernprozess ausgelöst, da bei jeder Runde der Wissensstand der Experten erhöht wird.

- Die Anzahl der Runden hängt u.a. vom Erkenntnisstand über das fragliche Gebiet ab, wobei zwei bis vier Runden ein gängiger Erfahrungswert sind.

- Beim ersten Durchlauf (1. Runde) werden noch ziemlich pauschal Meinungen erfragt, im weiteren Verlauf der Untersuchung wird gefordert, zu einzelnen Aussagen konkreter Stellung zu beziehen.

Gruppenurteile und Rückkopplung

Rückkopplung bedeutet, dass den Experten zu Beginn des neuen Durchlaufs die jeweiligen Ergebnisse der Vorrunde vorgelegt werden, damit diese die geäußerten Meinungen überdenken können.

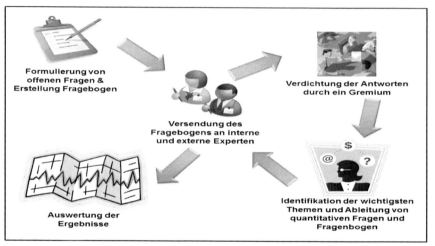

Abbildung 15: Vorgehensweise bei der Delphi-Befragung
Quelle: http://www.inknowaction.com/blog/wp-content/uploads/2011/05/Delphi-Ablauf.jpg, 27.1.2014

Sie kennen das doch auch, es geht wieder mal um die leidige Frage, welches Bier ist das Richtige für Ihren Mega-Event mit Ihren 1000 Freunden. Da ist guter Rat teuer. Bei Entscheidungen dieser Tragweite sollten Sie nicht aus dem Handgelenk heraus entscheiden, sondern eine Expertenbefragung bestehend aus ihren Kumpeln Schwitzi, die schwarze Tina und die Knackin, Finsterwalder Nobsi, Roithi, die Irrgang-Crew, Gummi-Rudi, Seehund-Peter, Reeperbahn-Pauli, Hasi Herzig, Pizza-Oli, Meiki und Markus B., Fröschel Markus und Willi starten. Der Erfolg Ihrer Party durch die richtige Auswahl der Biermarke dürfte Ihnen angesichts dieser Koryphäen in der Expertenrunde sicher sein.

(b) Quantitative Prognose-Verfahren

(1) Methode der einfachen Trendextrapolation

Die grundlegende Richtung eines Zeitreihenverlaufs wird als Trend bezeichnet. Klingt schwierig, ja? Ist es aber nicht. Wenn Herr Gebüsch aus Amerika beispielsweise vor 10 Jahren noch 1 Glas Rotwein pro Tag und vor 5 Jahren bereits 2 Gläser pro Tag getrunken hat, heute 3 Gläser pro Tag trinkt, dann wird er, wenn sich dieses Verhalten so fortsetzt, in 5 Jahren 4 Gläser Rotwein pro Tag trinken, und in 20 Jahren....Das muss natürlich nicht so sein, denn die Laura wird ihm sicherlich die Leviten lesen.

Extrapolation ist die Ergänzung einer Zeitreihe mit ihren wahrscheinlichen zukünftigen Werten.

Auf der Grundlage von Zeitreihen lassen sich künftige Zustände prognostizieren. Die beobachteten Werte der Zeitreihe (z.B. Anzahl Gläser Rotwein) können in die Zukunft projiziert werden, wenn angenommen werden kann, dass die Rahmenfaktoren für die beobachteten Werte (wie z.B. zunehmende Verblödung) auch in Zukunft gelten werden.

Ziel einer Extrapolation ist eine Aussage nach folgendem Muster: Wie entwickelt sich das Untersuchungsobjekt, wenn alle Rahmenbedingungen wie bisher, also im Trend, weiterverlaufen? Vermutlich rötet sich bei Herrn Gebüsch die Nase und wird ein wenig großporiger, was aber weiter auch nicht schlimm ist, da seinen Kollegen im Trinkerheim das ja gar nicht weiter auffällt. Die Rahmenbedingungen können sich natürlich im Laufe der Zeit verändern. So könnte Herrn Gebüsch ja die Präsidentschaft eines großen Landes angeboten werden, was ja schon vorgekommen sein soll, und dann ist Schluss mit Saufen. Dann sollte man in sich gehen, sich vielleicht der Religion zuwenden und zur Kompensation ein paar Kriege aushecken, um die eigenen Kassen und die von ein paar Energie- und Waffenspezies aufzufüllen. Und wenn man dann genügend Geld angesammelt hat, und z.B. 8 Jahre verstrichen sind, innenpolitisch alles hinüber ist, kann man ja wieder in alte Verhaltensmuster verfallen, und vielleicht im Rahmen einer Benefiz-Aktion das Trinkerheim kaufen und deren Vorsitzender werden.

(2) Methode der gleitenden Durchschnitte

Jeder „Wert" einer Zeitreihe gleitender Durchschnitte ist das arithmetische Mittel (= Durchschnittswert) einer festgelegten Anzahl von „Werten" einer einfachen Zeitreihe. Alles klar? Nein? Klingt ja auch ziemlich kompliziert, ist es aber nicht.

Die Methode der gleitenden Durchschnitte eignet sich z.B. zur Ermittlung von zukünftigen Umsätzen oder von zukünftigen Verbrauchswerten von Materialien.

Gleitende Durchschnitte werden auch häufig für die Prognose von Kurswerten an der Börse benutzt. Die Tageskurse einer Aktie (z.B. 44; 44,5; 43; 45....) einer bestimmten Zeitspanne (z.B. die letzten 100 Tage) werden addiert und durch die Anzahl der beobachteten Tage (100) dividiert. Hieraus errechnet sich der Prognosewert für den 101. Tag, z.B. 45,5. Wenn Sie jetzt am Ende des 101.Tages sind, und den **tatsächlichen** Wert des 101. Tages kennen, wird dieser in die Berechnung für den Prognosewert für den 102. Tag in die Zahlenreihe eingesetzt, und der allererste Wert der Zahlenreihe, also der Wert des ersten Tages aus der Zahlenreihe, wird herausgenommen. Dadurch können Sie wieder das arithmetische Mittel aus den Werten des 2. bis 101.Tag (insgesamt wieder 100 Tage) berechnen. Das Ergebnis ist die Prognose für den 102. Tag, usw. usw.

Ein gleitender Durchschnitt wird dazu benutzt, um Trends zu bestimmen. Man versucht dadurch zu erkennen, ob es eher nach oben, nach unten oder seitwärts mit irgendeinem Kurs geht.

Sie verstehen Bahnhof? Hier wird Ihnen geholfen:

Versuchen wir doch mal den Rotweinverbrauch von Herrn Gebüsch zu prognostizieren mit Hilfe dieser Methode. Als feste Zeitspanne wählen wir 4 Wochen, und wir befinden uns am Ende der 4.Woche. Wir wollen aufgrund untenstehender Zahlenreihe, den Rotweinverbrauch von Herrn Gebüsch für die 5.Woche prognostizieren.

1.Woche	2.Woche	3.Woche	4. Woche
24 Gläser	30 Gläser	26 Gläser	32 Gläser

Daraus errechnet sich ein Mittelwert von **28 Gläsern** (112 : 4). Das ist jetzt unsere **Prognose für die 5.Woche**. Nehmen wir an, wir sind jetzt am Ende der 5. Woche, und versuchen den Rotweinkonsum für die 6. Woche zu prognostizieren. Dann fällt der Wert der 1.Woche weg, und der **tatsächliche** Wert der 5.Woche kommt dazu, weil ja die Anzahl der Wochen, nämlich 4, immer gleich sein muss. Unsere damalige Prognose für die 5.Woche, nämlich 28 Gläser hat nicht so hingehauen, tatsächlich waren es 30 Gläser. Daraus ergibt sich folgende Prognose für die **6.Woche**:

2.Woche	3.Woche	4. Woche	5. Woche
30 Gläser	26 Gläser	32 Gläser	30 Gläser

Wir kommen zu einer Prognose von 29,5 Gläsern (118 : 4) für die **6.Woche**. Der Konsum von Herrn Gebüsch bewegt sich mehr oder weniger seitwärts, d.h. es ist keine signifikante Tendenz nach oben oder unten zu erkennen.

(c) Indikatorenkataloge

Dieses Verfahren lässt sich nicht eindeutig zu den quantitativen oder qualitativen Prognose-Methoden zählen.

Indikator kommt aus dem Lateinischen "indicare", und bedeutet „anzeigen". Ein Indikator zeigt also etwas an. Indikatorenkataloge signalisieren zukünftige Veränderungen mittels (meist) quantitativer Indikatoren. Für einen Windelhersteller ist ein wichtiger Indikator die Geburtenrate, für einen Waffenhändler die Anzahl der Unruheherde auf der Erde.

Es handelt sich um eine bestimmte Art von Frühwarnsystemen (nur für Risiken) bzw. Früherkennungssystemen (für Risiken und Chancen). Genauso wie es Frühwarnsysteme für Tsunamis, Erdbeben, Vulkanausbrüche etc. gibt, verfügt auch das Management über entsprechende Verfahren.

Hierbei wird wie folgt vorgegangen:

(1) Zunächst wird eine Liste von Indikatoren zusammengestellt, die in der Lage sind, in ausgewählten **Beobachtungsbereichen** wesentliche Entwicklungen frühzeitig anzuzeigen.

Beobachtungsbereiche	Bezeichnung der entsprechenden Indikatoren mit guten Frühwarneigenschaften	
Konjunkturelle Entwicklung	-	(amtliche) Auftragseingänge
Technologische Entwicklung	-	Informationen über mögliche Änderung der Verfahrenstechnologie
	-	Informationen über mögliche Änderung der Produkttechnologie
Produkte bzw. Regionen des unternehmensbezogenen Absatzmarktes	-	(eigene) Auftragseingänge
	-	(eigene) Auftragsbestände
Kunden der Unternehmung	-	Bestell-/Einkaufsverhalten
	-	Nachfragevolumen wichtiger Kunden
	-	Auftragseingänge bei wichtigen Kunden
Konkurrenten der Unternehmung	-	Strategien/Ziele/Annahmen/Stärken-Schwächen
	-	Preispolitik
	-	Produktpolitik
	-	Kommunikationspolitik
	-	Distributionspolitik
Lieferanten der Unternehmung	-	Preise/Konditionen
	-	Qualität
Kapitalmarkt	-	Zinsen
	-	Wechselkurse
Produktprogramm	-	Anteil der Nachwuchs-, Star-, Cash Cows und Poor dogs- Produkte (Portfolio)
Mitarbeiter	-	Lohn- und Gehaltszuwächse
Ergebnis- und Finanzlage	-	Kalkulatorische Ergebnisse (Hochrechnung)
	-	Bilanzielle Ergebnisse (Hochrechnung)
	-	Cash-flow (Hochrechnung)
	-	Liquiditätsreserven (Hochrechnung)
Forschung und Entwicklung	-	F+E – Kosten im Vergleich zur Konkurrenz
Absatz	-	Umsätze (Hochrechnung)
	-	Preise (Netto)
	-	Lagerbestände im Vergleich zu Konkurrenz
Produktion und Beschaffung	-	Ausstoß (Hochrechnung)
	-	Lohnkosten (Hochrechnung)
	-	Lohnkostenanteil im Vergleich zur Konkurrenz
	-	Beschaffungspreise im Vergleich zur Konkurrenz

Abbildung 16: Indikatorenkatalog

(2) Dann werden **Sollwerte** und deren **Toleranzgrenzen** festgelegt, da Indikatoren Schwankungen unterliegen. Erst bei Überschreitung dieser Toleranzen erfolgt eine Analyse der Ursachen. Wenn z.B. der Waffenhändler merkt dass die Anzahl der Unruheherde rapide abgenommen hat, und das für ihn erträgliche Maß unterschritten wurde, versucht er die Ursachen hierfür zu ergründen. Eine der Ursachen könnte sein, dass die Menschheit dazu lernt. Flexibel wie der Waffenhändler nun mal ist, benutzt er diese Information, und hilft vielleicht verstärkt an der Schaffung neuer Unruheherde mit, oder stellt sein Sortiment um, und vertreibt zunehmend Kinderspielzeug. Er kann beides selbstverständlich miteinander verbinden, indem er ausschließlich Spielzeugwaffen im Sortiment führt. Die Kinder werden ja erwachsen, und vielleicht kann er ihnen dann richtige Waffen verkaufen, was sicherlich eine Bombenstimmung erzeugt. Clever muss man eben sein, dann stimmt auch der Reibach.

Ein **Problem** stellt die Auswahl der **richtigen** Beobachtungsbereiche dar. Risiken und Chancen außerhalb dieser Beobachtungsbereiche können nicht erkannt werden, weil sie halt nicht beobachtet werden. Ein Indikatorenkatalog für ein Unternehmen könnte wie oben abgebildet aufgestellt sein, und muss natürlich den unternehmensspezifischen Bedingungen genügen, d.h. entsprechend angepasst werden.

4.1.8. Ziele

„Wer das Ziel nicht kennt, kann den Weg nicht finden", hat so ein taoistisch angehauchter Typ schon vor Urzeiten festgestellt. Soll heißen, wenn Sie nicht wissen, dass Sie nach Kleinwölferode wollen, ist es egal welche Richtung Sie einschlagen. Jeder Weg ist gleich gut bzw. gleich schlecht.

Wenn Sie nicht wissen, dass Sie die Carla wollen, können Sie sich ja treiben lassen, und bei Angelika, Berta, Caroline und Doris guten Tag sagen und mal auf einen Sprung reinschauen. Sie wissen ja nicht, was Sie wollen. Ist im Privatleben sicherlich auch mal ganz lustig, sich für einen kleineren Zeitraum, sagen wir 50 Jahre, ein wenig treiben zu lassen, und vielleicht auch mal Erika, Frauke - um mit dem Alphabet fortzufahren - Ihre Aufwartung zu machen. Die freuen sich bestimmt, und wenn nicht, gibt's ja da immer noch die Gerda und die Hanne.

4.1.8.1. Begriffsbestimmung und Zielarten

(a) Begriffsbestimmung

Im Unternehmen müssen Sie Ziele haben und die glasklar formulieren. Schon alleine, weil Sie da ja nicht alleine sind, und die Leute auf einen Endpunkt, ein Ziel, wie z.B. 10 Millionen Gewinn ausgerichtet sein sollen. Dann kann man sich ja überlegen, welchen Beitrag jeder Einzelne liefern muss, um letztlich das Endziel zu erreichen.

Ziele stellen Absichtserklärungen der Führungskräfte eines Unternehmens hinsichtlich eines zukünftig angestrebten Zustandes dar. Ziele sind **wünschenswerte**, **angestrebte** bzw. **zu erreichende** Zustände.

Eine systematische Planung ist ohne klare Zielformulierung nicht möglich.

> „Seit wir das Ziel aus den Augen verloren haben, verdoppeln wir unsere
> Anstrengungen"
> (Mark Twain)

Aus dem Leitbild und den Informationen der Analyse/Prognose des Ist-Zustandes der
Umwelt und des Unternehmens werden Ziele für das Unternehmen abgeleitet.

Neben dem vorherrschenden Gewinnstreben im operativen Bereich, und der langfristigen
Existenzsicherung im strategischen Bereich verfolgt das Unternehmen auch weitere, damit
verbundene Zielvorstellungen wie z.B. ein bestimmtes Image, Kundenzufriedenheit,
Kundenbindung, Streben nach Unabhängigkeit, Deckungsbeitrag Mitarbeiterbindung,
Qualitätssteigerung, Liquidität, usw.

(b) Zielarten

(1) Sachziele und Formalziele

Das **Sachziel** legt die zu erstellenden Leistungen des Unternehmens nach Art, Menge und
Zeitpunkt fest. Sachziele geben an, was die Aufgabe, die „Sache" des Unternehmens ist
und bezeichnen den **Unternehmensgegenstand** (= Zweck des Unternehmens).
Volkswirtschaftlich gesehen, dienen sie der Befriedigung menschlicher Bedürfnisse.

Beispiel:
Herstellung und Verkauf von 120.000 Fahrzeugen im Geschäftsjahr 20XX.

Formalziele geben Auskunft darüber, wie effizient das Unternehmen sein Sachziel,
erreichen will. Die Formalziele der meisten Unternehmen sind mehr oder weniger die
gleichen, weil der Spirituosen-Hersteller, genau wie der Autoproduzent, ebenso wie Ihre
Stammkneipe und genauso wie dieser Buchautor z.B. einen bestimmten Absatz und
daraus resultierend einen bestimmten Umsatz haben möchte. Jedes Unternehmen möchte
die Kosten niedrig halten, da man beim Abzug der Kosten vom Umsatz den Gewinn erhält.
Wenn die Kosten jedoch höher als der Umsatz sind, haben Sie wahrscheinlich mit
Zitronen gehandelt, vielleicht auch mit Orangen, dann haben Sie einen Verlust
eingefahren. Davon abgesehen: Wenn Ihnen Gott Zitronen in die Hand gibt, sollten Sie
Limonade daraus machen. Sie sind oder werden doch Manager und sind Ihres Glückes
Schmied. Nun aber zu einem handfesten Beispiel:

Erwirtschaftung eines Gewinns vor Steuern von 500 Millionen Euro im Jahr 20XX.

D.h. beim Verkauf von 120.000 Fahrzeugen sollen 500 Millionen Gewinn hängen bleiben.
Dann haben Sie das Sachziel **effizient** erreicht.

(2) Quantitative und qualitative Ziele

Quantitative Ziele sind **exakt messbar**. Die Erreichung dieser Ziele ist damit auch exakt
kontrollierbar.

Solche Ziele sind beispielsweise Gewinn, Umsatz, Kosten, Rentabilität, Wachstum, Deckungsbeitrag, Marktanteil, Liquidität, günstige Kapitalstruktur, Arbeitsproduktivität, usw.

Qualitative Ziele sind nur **bedingt messbar** und damit kontrollierbar. Solche Ziele sind z.B. Image, Betriebsklima, Prestige, Macht, Unabhängigkeit, Kundenzufriedenheit, Mitarbeiterzufriedenheit, Existenzsicherung, Qualität, Erringung von Macht, gutes Standing bei Carla usw.

Ein quantitatives Ziel könnte z.b. sein, für ein Motorrad nicht mehr als 9.000 Euro auszugeben, ein qualitatives Ziel dagegen, so viel Fahrspaß wie möglich zu haben.

(3) Monetäre und nicht-monetäre Ziele

Monetäre Ziele sind in Geldeinheiten bewertbare Ziele wie z.b. Umsatz, Gewinn und Kosten.

Nicht-monetäre Ziele können nicht in Geldeinheiten bewertet werden, beispielsweise Image, günstige Kapitalstruktur, Arbeitsproduktivität, Spaß mit Carla.

(4) Strategische und operative Ziele

Strategische Ziele streben die langfristige Existenzsicherung des Unternehmens an. Es handelt sich hier meist um qualitative Steuerungsgrößen für das Unternehmen, z.B. Verbesserung der Problemlösungskompetenz, und damit verbunden „nachhaltige" Verbesserung der Kundenzufriedenheit, Mitarbeiterzufriedenheit, Mitarbeiterbindung, Verbesserung der Qualifikation, Marktanteile, stetiges Umsatzwachstum, langfristig ausgeglichene Kapitalstruktur, Qualitätssteigerung in der Produktion, 6 Kinder mit Carla etc..

Operative Ziele beziehen sich insbesondere auf quantitative, kurz- und mittelfristige Steuerungsgrößen wie Gewinn, Kosten, Umsatz und Liquidität, Kindermachen mit Carla.

4.1.8.2. Zieldimensionen

Die Frage, die sich hier stellt, lautet: Wie müssen Ziele formuliert sein, damit sich die Handlungen der Mitarbeiter an ihnen ausrichten können? Wie muss Carla die Ziele formulieren, damit Sie ihr helfen können ihre Ziele zu erreichen?

Ziele müssen grundsätzlich

- **sachlich** (Zielinhalt) und **zeitlich** (Zielzeit) differenziert
- **operational** (Zielausmaß)
- **realistisch** (Durchsetzbarkeit; hängt mit einer „realistischen" Formulierung des Zielausmaßes und der dafür zur Verfügung stehenden Zeit zusammen)
- und **widerspruchsfrei** (nach Möglichkeit keine konkurrierenden Zielbeziehungen)

formuliert sein.

Beispiel:		
Zieldimension:	**Frage:**	**Beispiel:**
Zielinhalt	was ?	Umsatz
Zielausmaß	wieviel?	20 Mio. Euro
Zielzeit	wann?	im nächsten
		Geschäftsjahr

Wenn Carla z.B. das Ziel formuliert, ich erwarte von Dir mindestens 80.000 Euro nächstes Jahr, dann fehlt in dieser Zielformulierung der **Zielinhalt**. Sie fassen das natürlich völlig falsch auf, und machen zusätzliche **Schulden** von 80.000 Euro um sich den neuen M3 von BMW zu leisten. Zu diesem Zweck beleihen Sie Carlas Haus. Deutsche Sprache, schwere Sprache. Selber Schuld Carla, drück Dich genau aus, und sag halt 80.000 Euro „Einkommen".

Das **Zielausmaß** eines Zieles gibt an, wie viel vom gewählten Zielinhalt erreicht werden soll. Ohne dieses Zielausmaß wäre auch eine spätere Kontrolle (= Soll - Ist - Vergleich; Ziel = Soll) nicht möglich. Die Erreichbarkeit des Ziels ist insbesondere von einer **realistischen** Einschätzung dieser Zieldimension abhängig.

Wenn Carla z.B. das Ziel formuliert: „Schau mal dass Du ab nächstem Jahr mehr Kohle nach Hause bringst, dann hat Sie zwar Zielinhalt (Einkommen) und Zielzeit (nächstes Jahr) formuliert, nicht aber das Zielausmaß, wie viel „mehr" sie sich vorgestellt hat. Sie bringen jetzt 5 Euro mehr pro Monat nach Hause, aus Ihrer Sicht ist das Ziel erreicht! Carla ist aber nicht „amused", und haut Ihnen den Besen achtkantig um die Ohren. Was ist schiefgelaufen? Wer ist schuld? Die Carla natürlich, weil sie als Ihre persönliche, selbsternannte Führungskraft es versäumt hat, das gewünschte Zielausmaß von 1500 Euro mehr pro Monat zu formulieren. Tja Carla, alles was recht ist, aber so geht's nicht. So wird das nie was mit deiner 7 Zimmer Wohnung am Marienplatz in München. Lern erstmal Ziele so zu formulieren, damit deine bessere/schlechtere Hälfte weiß, was du von ihr erwartest.

Die **Zielzeit** gibt Auskunft bis wann ein Ziel erreicht werden soll. In der strategischen Planung sind die Ziele langfristig, in der operativen Planung dagegen kurz- und mittelfristig formuliert. Je weiter die Ziele in die Zukunft reichen, desto ungenauer kann natürlich das Zielausmaß formuliert werden.

Die Carla letztens wieder: „Also, ich erwarte von Dir mindestens 80.000 Euro Einkommen. Sie antworten „kein Problem". Und warum? Weil die Carla, die dumme Nuss, vergessen hat, die **Zielzeit** zu formulieren. Hat sie jetzt gemeint, nächstes Jahr, in 20 Jahren, übermorgen, vorgestern? Ich weiß es nicht. Jedenfalls haben Sie bei dieser Zielformulierung kein Problem das Ziel zu erreichen. Sie können sich ja Zeit lassen.

Wer ist in allen Fällen Schuld? Die Carla, weil sie es nicht geschafft hat, Ihnen ein klares Ziel zu formulieren, das Ihnen als Vorgabe, als Orientierung für Ihre Handlungen dient.

In der Praxis arbeitet man auch mit der sogenannten SMART - Regel, die sogar schon zu einer SMARTI-Regel erweitert wurde.

Klare Ziele und die damit verbundene Messbarkeit der Zielerreichung dienen Führungskräften und Mitarbeitern gleichermaßen. Grundsätzlich ist es bei der Festlegung von Zielen empfehlenswert präzise definierte, realistische und akzeptanzfähige Ziele zu formulieren, die der Formel "SMART" entsprechen. Der Begriff SMART setzt sich dabei aus den Anfangsbuchstaben der Eigenschaftswörter

Specific - Measurable - Achievable - Relevant -Terminated

zusammen.

	Bedeutung	Erläuterungen
S	Spezifisch	spezifisch für den Bereich, unmissverständlich und eindeutig, z.B. Umsatz für den Vertriebsbereich (entspricht Zielinhalt)
M	Messbar	messbar (= Zielausmaß)
A	Anspruchsvoll Aber auch „akzeptiert"	herausfordernd Die Mitarbeiter halten das Ziel für realistisch und akzeptieren es
R	Realistisch	Das Zielausmaß ist in dieser Zeitspanne grundsätzlich realisierbar für den Aufgabenträger
T	Terminiert	terminiert durch einen Endtermin und eventuell Zwischentermine (Meilensteine = Zwischenziele); entspricht der Zielzeit

Abbildung 17: SMART-Regel

Wenn Sie diese Formel zu SMARTI erweitern, machen Sie sich zusätzlich über ein **integriertes** Zielsystem Gedanken. Die einzelnen Ziele werden in einem Zielsystem in einen Zusammenhang zueinander gebracht. In den Kapiteln Zielbeziehungen und Zielhierarchien werden diese Sachverhalte dargelegt.

4.1.8.3. Funktionen von Zielen

Ziele dienen den Mitarbeitern als **Orientierung** (= Vorgaben), an welchen sie ihre Handlungen ausrichten. Wenn Carla es jetzt endlich geschafft hat, ihre Zielvorstellungen mit allen 3 Zieldimensionen rüberzubringen, ist für Sie natürlich Schluss mit lustig. Dann geht der Ernst des Lebens los. Jetzt wird nur noch geackert. Sie richten Ihre Handlungen an den „gemeinsamen" Zielen aus. Wie schön. Da die Ziele Ihnen ja realistisch erscheinen und von Ihnen deshalb auch akzeptiert wurden, dürfte das auch kein Problem darstellen.

Ein wesentliches Kapital für jedes Unternehmen sind motivierte Mitarbeiter. Jeder Mitarbeiter soll deshalb Klarheit darüber besitzen, welche Ziele zu erreichen sind. Ziele sind insbesondere dann **Ansporn** und **Motivation** für den Mitarbeiter, wenn die Mitarbeiter in den Zielsetzungsprozess miteinbezogen werden. Klar, die Carla hat Sie doch gefragt, wie viel Einkommen nächstes Jahr drin ist. Sie sagten 25.000 Euro, Carla meinte 85.000 Euro, und Sie haben sich auf schlappe 80.000 Euro geeinigt. Passt doch. Das spornt an. Da ist jeder ein bisschen von seiner Forderung zurückgegangen, und schon ist die Welt wieder in Ordnung.

Erst die Vorgabe von Zielen ermöglicht **Kontrolle** im Sinne eines Soll-Ist-Vergleichs. Angenommen, Sie bringen nächstes Jahr nur 78.000 Euro nach Hause. Klare Zielverfehlung. Sie haben die angesetzte Messlatte (das soll ein Ziel auch sein) nicht erreicht. Jetzt gibt's Dicke. Normalerweise werden jetzt die Ursachen erforscht, warum Sie Ihr Ziel nicht erreicht haben. Lag es an Ihnen oder an äußeren Umständen? Für Carla liegt der Fall klar, Sie haben sich nicht entsprechend bemüht. Aber Carla hilft Ihnen, nächstes Jahr das Ziel von nunmehr 85.000 Euro zu erreichen. Sie ist ja Führungskraft. Sie besorgt Ihnen, selbstlos wie sie ist, einen dritten Job. Harte Schale, weicher Kern kann ich da nur sagen.

4.1.8.4. Zielbeziehungen

Ziele einer Zielebene können sich ergänzen, in Konkurrenz zueinander stehen oder sich neutral verhalten.

Es ist darauf zu achten, dass die Ziele einer Zielebene in sich geschlossen, also widerspruchsfrei sind. Dies ist aber nicht immer gegeben. Es können verschiedene Zielbeziehungen auftreten:

Komplementäre Zielbeziehungen:

Die Erreichung des einen Ziels wirkt sich positiv auf die Erreichung eines anderen Ziels aus, z.B. Kosteneinsparung und Gewinn oder Erreichung eines Einkommens von 85.000 Euro und Spaß mit Carla.

Konkurrierende Zielbeziehungen:

Die Erreichung des einen Ziels wirkt sich negativ auf die Erreichung des anderen Ziels aus, z.B. Rentabilität und Liquidität. Je mehr Kapital ein Unternehmen arbeiten lässt, desto erfolgreicher (Rentabilität, Gewinn) wird dieses Unternehmen höchstwahrscheinlich sein, jedoch ist die Gefahr einer Zahlungsunfähigkeit aufgrund fehlender finanzieller Mittel umso größer. Oder: „Viel Spaß mit den Kumpels und wenig Ärger mit der Carla".

Neutrale Zielbeziehungen:

Die Erreichung des einen Ziels wirkt sich nicht auf die Erreichung des anderen Ziels aus. Neutrale Ziele auf einer Zielebene kommen kaum vor, da die Erreichung eines Zieles sich in irgendeiner Form praktisch immer auf andere Ziele auswirkt. Beispielversuch für eine neutrale Zielbeziehung: Steigerung des Bierkonsums und Reduzierung der Länge der Miniröcke (oder gibt es da doch einen Zusammenhang?)

4.1.8.5. Zielhierarchien und Funktionsbereichsziele

(a) Zielhierarchien

Genau wie Sie Lebensoberziele (Zufriedenheit, Erfolg…), Lebensbereichsziele (im Sport, im Beruf, in der Familie) und hierfür wieder Unterziele haben (sollten), hat auch das Unternehmen ein Zielsystem mit Oberzielen, Bereichszielen, Unterzielen etc.

Es macht wenig Sinn, Ziele zusammenhangslos zu formulieren. Ziele sind – wie bei den Zielbeziehungen dargelegt – wechselseitig voneinander abhängig. Ein reiner „Zielkatalog", welcher diese Abhängigkeiten nicht berücksichtigt, ist nicht geeignet, die formulierten Oberziele des Unternehmens zu erreichen. Letztendlich soll jede Zielerreichung einer jeden Stelle im Unternehmen einen Beitrag zur Erreichung der Oberziele leisten.

Wie Ziele weiter untergliedert werden können, soll nachfolgend am Beispiel Marketing aufgezeigt werden:

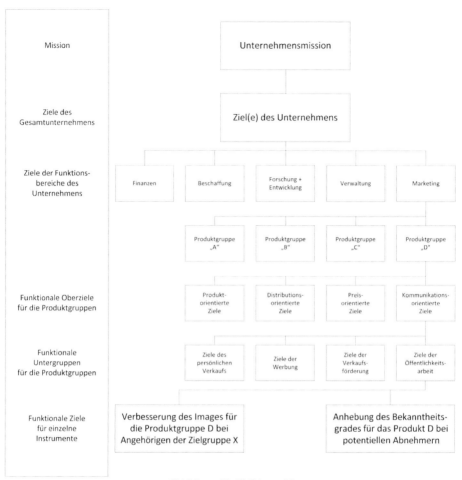

Abbildung 18: Zielhierarchien
Quelle: Weis Hans Christian, Marketing, 13. Auflage, Ludwigshafen 2004, S.29

(b) Funktionsbereichsziele

Sie haben ja auch mehrere Lebensbereiche, wie Ihren Beruf, Ihren Partner, Ihre Familie, Ihren Freundeskreis, Ihre kulturellen und sportlichen Ambitionen. Für all diese Bereiche verfolgen Sie, ob bewusst oder unbewusst, Ziele. Sportlich könnte eines Ihrer Ziele sein, dem Schmidt im Ring endlich mal seine Grenzen aufzuzeigen, bezogen auf Carla zu guter Letzt mal etwas Auszeit von ihr zu bekommen, und beruflich doppelt soviel zu verdienen bei halber Arbeitszeit. Diese ganzen Bereichsziele haben Sie abgeleitet aus Ihrem Oberziel, ein schönes und verantwortungsbewusstes Leben zu führen.

Im Unternehmen gibt es für die verschiedenen Funktionsbereiche Ziele, die aufeinander abgestimmt dazu dienen sollen, das Gesamtziel zu erreichen. Ein Zielkatalog für mögliche Ziele in den Funktionsbereichen des Unternehmens wird nachfolgend dargestellt:

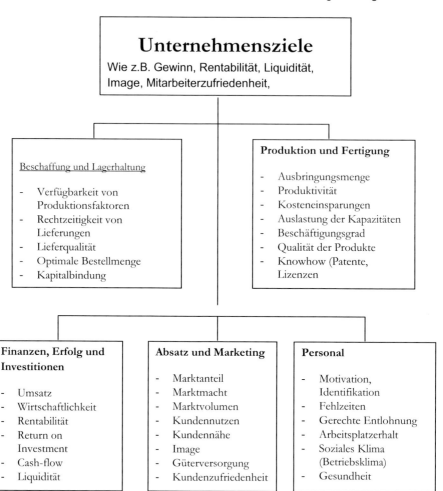

Abbildung 19: Bereichsbezogene Unternehmensziele

4.1.9.   Unterscheidung Strategische – Operative Planung

Der Begriff Strategie kommt aus dem Griechischen und setzt sich zusammen aus den 2 Worten "stratos" und „agein", was soviel bedeutet wie "ein Heer führen".

Nun ja, um im Markt bestehen zu können, muss man natürlich auch im Unternehmen langfristig denken, und nicht nur bis zur nächsten Straßenecke.

Aber auch Sie treffen im Leben strategische Entscheidungen. Was charakterisiert eigentlich eine Strategie? Die Antwort ist immer wieder: „Ja, das ist was Langfristiges." Toll, und weiter, was ist daran langfristig?? „Na ja langfristig eben!" Können Sie sich mit so einer Antwort zufrieden geben? Ach, Sie sind bescheiden? Das halte ich für eine sehr wichtige Charaktereigenschaft. Ich muss zugeben, wenn mit mir einer „dampfplaudert" dann fühle ich dem Gegenüber schon genauer auf den Zahn, dann möchte ich das genauer wissen, dann bin ich nicht besonders bescheiden, auch wenn Bescheidenheit meiner Grundhaltung entspricht

Vorab schon mal eine mögliche Definition: Strategien sind

"Grundsatzentscheidungen mit langfristiger Auswirkung".

Das heißt, die **Reaktionszeit**, bis die Strategie greift, und die anschließende **Wirkungszeit** einer strategischen umgesetzten Entscheidung ist wesentlich länger. Schauen wir erst mal wieder in den privaten Bereich. Haben Sie schon mal eine strategische Entscheidung getroffen? Nein? Da bin ich anderer Meinung. Verheiratet? Ja? Würden Sie nicht auch sagen, das war eine grundsätzliche Entscheidung mit langfristiger Auswirkung? Oder war Alkohol im Spiel? Haben Sie ein Haus oder eine Eigentumswohnung gekauft? Ist das nicht eine strategische Entscheidung? Haben Sie Kinder? Ist Ihr Beruf technischer oder kaufmännischer Art? Das sind strategische Entscheidungen, die Sie in Ihrem Leben treffen. Diese Entscheidungen sind **schwer umkehrbar**, Kinder sind da, da is nix mehr umzukehren. Wenn Sie dagegen Ihrem Kind was Schönes zum Anziehen kaufen oder was Sinnvolles wie z.B. Boxhandschuhe, dann ist diese Entscheidung wesentlich leichter umkehrbar ohne erhebliche Verluste, und warum? Richtig, weil es eine operative Entscheidung ist!

Demnach sind operative Entscheidungen

"konkrete Entscheidungen mit kurzfristiger Auswirkung".

Ein englisches Wortspiel macht das deutlich:

"Doing the right things" (Das Richtige tun)

kennzeichnet strategisches Denken,

"Doing the things right" (Es richtig tun)

dagegen operatives Denken.

Bei strategischen Entscheidungen geht es immer darum die „richtigen Wege" zu finden, diese gefundenen Wege dann richtig zu gehen ist Inhalt des operativen Denkens.

Hier mal eine kurze Übersicht, die Unterschiede strategischen und operativen Denkens betreffend:

Unterscheidungs- merkmale	Strategische Planung	Operative Planung
Planungsträger	Höchste und höhere Führungsebenen	Mittlere und untere Führungsebene
Zeitliche Reichweite	Langfristige Planung	Mittel- bis kurzfristige Planung
Zielgrößen	Existenzsicherung	Erfolg und Liquidität
Reaktionszeit	Eher länger	Eher kürzer
Wirkungszeit	Lange Auswirkung	Kurze Auswirkung
Umkehrbarkeit / Auswirkung der Entscheidung	Schwer umkehrbar, da weitreichende Auswirkungen	Leichter umkehrbar, da überschaubare Auswirkungen
Konkretisierungsgrad	Globale Aussagen	Detaillierte Aussagen
Sicherheitsgrad	Relativ große Unsicherheit	Geringere Unsicherheiten

Abbildung 20: Unterscheidungskriterien strategische und operative Planung

Strategische Entscheidungen treffen bedeutet, die richtigen Wege zu beschreiten, den richtigen Kurs einschlagen. Möchten Sie Kinder haben oder nicht? Wollen Sie eigene 4 Wände oder nicht. Welche Klamotten Sie Ihren Kindern kaufen, was auf den Sonntagstisch kommt, oder wo Sie in den Urlaub hinfahren sind dagegen operative Entscheidungen.

Betriebliche Beispiele für Strategien wären z.B.:

„Will das Unternehmen eher Preiskäufer ansprechen oder Qualitätskäufer."

Die konkrete Preisgestaltung beispielsweise, oder die Qualitätsgestaltung sind dagegen Entscheidungen operativer Art.

„Will das Unternehmen alle Zielgruppen bedienen oder nur eine oder wenige Zielgruppen."

„Soll weltweit eingekauft und/oder verkauft werden oder nur in Deutschland oder nur in Kleinwölferode?"

All das, und noch vieles mehr sind Grundsatzentscheidungen, die das Unternehmen treffen muss. Die Wege dann richtig gehen, also es richtig machen, kennzeichnet operatives Denken. Wollte man strategisches **und** operatives Denken in einen kurzen Satz fassen, könnte man sagen "Die richtigen Wege richtig gehen".

Was glauben Sie ist für das Unternehmen gefährlicher? Den richtigen Weg gehen, aber den nicht ganz richtig oder den falschen Weg gehen, und den aber perfekt. Und?

Letzteres! Wenn Sie den falschen Weg gegangen sind und Sie gehen ihn perfekt, dann ist es trotzdem der falsche Weg, Sie sind auf dem falschen Dampfer "on the highway to nowhere". Wenn ein Unternehmen 5 Milliarden in den chinesischen Markt investiert hat, kann es nicht einfach sagen, "war halt nichts, gehe ich halt wieder heim nach Kleinwölferode und versuche da mein Zeug loszuwerden".

Von der Sache mit Carla ganz zu schweigen, einmal geheiratet lässt sich das nicht mehr so locker umkehren.

Sie sehen schon, einmal nicht gescheit nachgedacht, und schon ist es aus mit dem schönen Leben. Dann nützt es auch nichts, wenn Sie jeden Tag bis um 22 Uhr im Büro bleiben, die Carla kommt Sie holen, und pocht auf i   hre Rechte.

4.1.10.   Planungsphasen

Heute schon geplant? Noch nicht? Garantiert schon x-mal, natürlich nicht unbedingt bewusst. Erstmal ein paar Beispiele für Planungen untertags. Sie überlegen sich z.B. "wie komme ich in die Arbeit" oder "gehe ich überhaupt in die Arbeit bei dem schönen Wetter" (fester Bestandteil eines Tagesplans eines Australiers), oder "was zieh ich an", wobei hier die Planung geschlechtsbedingt in der Regel unterschiedlich lange dauert. Am Anfang des Kapitels 4 dieses Buches habe ich Ihnen ja schon mal ein Beispiel gegeben, wie Planung so abläuft.

Jetzt mal eine Planung aus dem Privatbereich, die schon etwas mehr Zeit in Anspruch nimmt und sich auch auf einen größeren Zeitraum erstreckt. "Sollte ich Urlaub machen, und wenn ja, wo fahre ich hin? Nehmen wir doch mal die Urlaubsplanung als unsere Problemstellung.

4.1.10.1. Privates Beispiel: Urlaubsplanung

Warum bringt der Typ kein betriebliches Beispiel, ich will nicht Urlaubsmanager werden, sondern Manager im Unternehmen, denken Sie. Na ja, der Typ will Ihnen vor Augen führen, dass Ihre Planung, die Sie x-mal im Privatleben vollziehen, von der Vorgehensweise her haargenau gleich abläuft wie die betriebliche Planung. Die Übertragung auf den Betrieb ist dann nur noch ein Klacks. Außerdem kommt später ein fettes Unternehmensbeispiel. Nur nicht hudeln (hetzen), wie der Bayer sagt. Und im Privatbereich ein bisschen strukturierter vorgehen, tut dem Geldbeutel und Ihren lieben Mitmenschen vielleicht auch ganz gut.

Selbstverständlich können wir in unserem Beispiel und auch in der Praxis nicht alle Faktoren in der Planung berücksichtigen, denn unsere Planung soll ja effizient sein, d.h. sie soll uns mehr bringen als sie uns an Zeit und natürlich auch an Nerven kostet (Effizienz = Kosten-Nutzen-Verhältnis). Da gibt es diese Typen die planen und planen, reden gescheit daher, kommen aber nie zum Schuss. Sie kennen auch so einen ineffizienten Typen? Wer nicht!

Nun aber zur Vorgehensweise, zu unserer Schrittfolge, zu unseren Planungsphasen.

(1) Analyse Ist- Zustand

So jetzt legen Sie mal los, lassen Sie Ihren ganzen Frust raus. Ja, ja, Sie lieben Ihren Partner, Sie lieben Ihre Kinder, Sie lieben Ihre Arbeit, aber alles zusammen ist die Hölle, wie eine gut gemachte Werbebotschaft eines Werbetreibenden es formuliert hat. Nun mal Spaß beiseite, wie ist die Lage? Sie wollen nicht rausrücken mit Ihrer Lagebeurteilung? Dann mache ich das mal für Sie.

„Sie fühlen sich gestresst, urlaubsreif, reif für die Insel, das Wetter zuhause nervt, der Chef und der Kollege Schmidt gehen Ihnen unheimlich auf die...

Sie haben genug vom Alltagstrott, wollen mal wieder andere Gesichter sehen. Sie haben genug von den Weißbierlätschen (bayrisch Lätsche = Gesicht; ich habe Ihnen ja versprochen Fachausdrücke zu erklären).

Sie haben auch noch 10 Tage Urlaubsanspruch, den Sie nehmen sollten, sonst ist er futsch, und 3000 Euro für den gemeinsamen Urlaub (Ihren Lebenspartner nehmen Sie doch mit, oder?) usw. usw. Wie gesagt, wir können nicht alle Umstände der Lage erfassen.

(2) Prognose

Sie müssen nun die heutige Lage in die Zukunft „projizieren", d.h. prognostizieren. Und das machen wir doch mal ganz einfach und realistisch:

Die Lage verschlechtert sich noch, Sie werden einem Burnout sehr nahe sein, und nicht nur der Kollege Schmidt sondern auch Frau Maier und Frau Merk werden Ihnen das Leben schwer machen mit ihrer zunehmenden Stutenbissigkeit.

(3) Ziele setzen

Ziele sind ja etwas, das wir erreichen wollen, also könnte man sagen "zu erreichende Zustände", "wünschenswerte Zustände" oder einfach "Sollzustände". Das wissen Sie schon? Sehr schön! Aber ab und zu mal eine kleine Wiederholung fördert den Lernprozess. So, wie **soll** es jetzt sein im Urlaub? Natürlich beziehen Sie sich hierbei auf die Informationen aus der Analyse und Prognose des Ist-Zustandes.

Sicherlich wäre ein Ziel, bei all dem Stress "**Erholung**". Ein weiteres Ziel könnte sein "**Abwechslung**", und ein bisschen "**Kultur**" schadet ja auch nicht.

Weiterhin darf der Urlaub nicht mehr als 3000 Euro zu zweit **kosten**, und nicht länger als 14 Tage dauern (**Zeit**). Die letzten 2 Ziele Kosten und Zeit könnte man sozusagen auch als Nebenbedingung formulieren.

Jetzt wissen Sie, was Sie wollen, nun müssen Sie sich überlegen, **wie** Sie das erreichen wollen.

(4) Alternativensuche

Lassen Sie sich etwas einfallen. In dieser Phase ist mitunter etwas Kreativität gefragt, deswegen kommen in der betrieblichen Praxis hier auch Kreativitätstechniken zum Einsatz.

Bei der Alternativensuche gilt die Regel "Quantität vor Qualität", d.h. sie sollten nicht schon im Kopf vorbewerten, lassen Sie es sprudeln in Ihrem Kopf, lassen Sie die Gedanken stürmen. Daher stammt der englische Begriff Brainstorming (= Gedankensturm) für eine Kreativitätstechnik, die nach bestimmten Regeln innerhalb einer Gruppe abläuft, wie z.B.

- Quantität vor Qualität („stürmen" lassen)
- keine Kritik an den Äußerungen einzelner Gruppenmitglieder (sogenannte Killerphrasen wie: "Das kann ja mein zehnjähriger Sohn besser als Sie", oder „Kriegen Sie erst mal Ihre Carla in den Griff, Sie Haubentaucher" oder ein einfaches Kopfschütteln usw.)
- assoziatives Aufnehmen der Ideen anderer Gruppenmitglieder, d.h. Weiterspinnen der Ideen.

Der Einfachheit halber reduzieren Sie die Alternativensuche auf mögliche Länder, die Sie bereisen wollen. Auf geht's.

- Thailand
- Österreich
- Frankreich
- Italien
- Neuseeland
- Norwegen

Da haben Sie sich aber schöne Urlaubsziele ausgesucht, aber da können Sie ja nicht überall gleichzeitig hinfahren, also müssen Sie abwägen, d.h. bewerten, um letztendlich eine Entscheidung treffen zu können.

(5) Bewertung

Sie suchen jetzt die Alternative, mit der Sie Ihre zuvor formulierten Ziele insgesamt am besten erreichen, d.h., der sogenannte Zielerreichungsgrad der Alternativen wird ermittelt. Nur, wie macht man das am Blödesten? Da gibt es eine wunderbare Technik, die sogenannte Nutzwertanalyse. Klingt gefährlich, oder? Ist es aber nicht, zumal Sie die Technik schon längst kennen, es nur noch nicht wissen. Schon mal einen Auto-Vergleichstest gelesen, oder eine Bewertung von Stiftung Warentest? Na sehen Sie, das meiste wissen Sie schon, man muss es sich jetzt nur noch bewusst machen. Die Nutzwertanalyse ist ein Punktbewertungsmodell, das matrixartig aufgebaut ist. Eine Matrix ist nicht nur ein bekannter Film, sondern auch eine zweidimensionale Darstellungsweise. Und was sind unsere 2 Dimensionen, wenn wir den **Ziel**erreichungsgrad der **Alternativen** ermitteln wollen? Richtig, Ziele und Alternativen! Die Ziele können Sie waagrecht, und die Alternativen senkrecht anordnen, oder auch umgekehrt, wir sind ja ein freies Land.

Ziele \ Alternativen	Kosten (max. 3000€)	Zeit (max. 2 Wochen)	Erholung G =3	Abwechs-lung G = 2	Kultur G = 1	Summe = Nutz-wert	Rang-folge
Neuseeland	nicht erfüllt	erfüllt	—	—	—	—	—
Norwegen	nicht erfüllt	erfüllt	—	—	—	—	—
Thailand	erfüllt	erfüllt	9 x 3 = 27	8 x 2 = 16	9	52	1.
Italien	erfüllt	erfüllt	6 x 3 = 18	9 x 2 = 18	10	46	3.
Frankreich	erfüllt	erfüllt	7 x 3 = 21	9 x 2 = 18	8	47	2.
Österreich	erfüllt	erfüllt	6 x 3 = 18	7 x 2 = 14	8	40	4.

Abbildung 21: Nutzwertanalyse

Die Vorgehensweise sieht wie folgt aus:

Da Ihnen wahrscheinlich die Ziele (Bewertungskriterien) unterschiedlich **wichtig** sind, werden sie mit einem Ge**wichtung**sfaktor (G) versehen. Am besten ist es immer, zuerst das unwichtigste Ziel auszusuchen, und es mit einem Faktor von „1" zu ge**wicht**en. In unserem Beispiel könnte es das Ziel „Kultur" sein. Die anderen, **wichtig**eren Ziele erhalten ein entsprechend höheres Ge**wicht**. Wenn Ihnen Erholung 3 mal so wichtig ist wie Kultur, dann vergeben Sie hierfür das Gewicht „3", Abwechslung ist Ihnen 2 mal so wichtig, also erhält dieses Ziel das Gewicht „2". Bei den Zielen Kosten (max. 3000 Euro) und Zeit (max. 2 Wochen) kann man anders vorgehen. Hier fragen Sie beispielsweise nur, komme ich mit 3000 Euro und 14 Tagen aus, oder nicht. Sie fragen also nur, ob die Bedingung erfüllt ist oder nicht, reichen die 3000 Euro für Neuseeland oder nicht? Wenn nein, braucht man diese Alternative gar nicht weiter zu bewerten und spart sich Zeit. Deshalb stellt man diese "K.O.-Kriterien" auch an den Anfang der Matrix. Wäre ja mehr als doof, wenn man hier stundenlang bewertet, und dann erst am Schluss spannt, Mensch, die Kohle reicht ja gar nicht für diese Alternative. Schade um die verlorene Zeit, da wären Sie doch lieber an den See gefahren, oder?

Bei der Punktvergabe sollten Sie genau wissen, was bedeutet es eigentlich, wenn Sie 3 oder 7 Punkte vergeben. Sie erinnern sich? „Sitzt ein Zweibein auf dem Dreibein...",genau, aus dem Kapitel "Leichter Lernen". Wir wollen unsere rechte Gehirnhälfte arbeiten lassen, weil unter dem Punktwert „8" (linkshirnig) können wir uns sehr schlecht etwas vorstellen, dagegen „gute Zielerreichung" (rechtshirnig) sagt uns was. Beispielsweise 1 - 2 Punkte vergeben Sie bei sehr schlechter Zielerreichung der Alternative, 3 - 4 Punkte bei schlechter Zielerreichung, 5 - 6 Punkte bei mittelmäßiger Zielerreichung, 7 - 8 Punkte bei guter und 9 - 10 Punkte bei sehr guter Zielerreichung der Alternative.

In einem nächsten Schritt werden die vergebenen Punkte mit dem entsprechenden Zielgewicht multipliziert. Die daraus entstehenden Werte werden für jede Alternative (waagrecht) addiert, und so ein Gesamtpunktwert ermittelt, der den Nutzwert der Alternative repräsentiert. Und, wo fahren Sie hin aufgrund dieser Bewertung? Nach Thailand, da Sie hierfür den höchsten Punktwert ermittelt haben, d.h. unter Berücksichtigung aller Ziele, stellt Thailand die optimale Alternative dar.

Hier noch ein paar **Tipps:**

Vergleichen Sie immer alle Alternativen bezogen auf ein Ziel und gehen Sie erst dann auf das nächste Ziel über. D.h., Sie vergleichen erst alle Länder bezogen auf das Ziel Erholung und vergeben entsprechende Punktzahlen. Erst danach vergleichen Sie alle Länder bezogen auf das Ziel Abwechslung usw. Sie haben dann den direkten Vergleich der Länder nur bezogen auf dieses eine Ziel, und blenden die andere Ziele bewusst aus. Der Kopf kann das eben nicht so gut. Deswegen ist diese Art der schriftlichen Vorgehensweise wesentlich besser geeignet, um zu einer seriösen Bewertung und letztendlich Entscheidung zu gelangen.

Je mehr Alternativen Sie haben, desto größer sollte Ihre Maximalpunktzahl sein. Bei nur 4 Alternativen wie in unserem Beispiel (Neuseeland und Norwegen sind ja k.o. gegangen) reicht ein Punktevorrat von 10 Punkten völlig aus. Bei wesentlich mehr Alternativen ist es ratsam einen größeren Punktevorrat anzulegen. Der Bewertungsunterschied zwischen 4 und 5 Punkten bei maximal 10 Punkten ist eben nicht so fein wie der Unterschied zwischen 40 und 41 Punkten bei maximal 100 Punkten.

Bei der Bewertung ist Ihnen sicherlich aufgefallen, dass dem Froschauer, dem Dilettanten, erhebliche Fehler bei der Urlaubsplanung unterlaufen sind. Und da haben Sie recht. Bei den Zielsetzungen (Phase 3) geht es doch schon los: Was heißt eigentlich Abwechslung in Thailand, das wurde nicht genau umschrieben. Der eine versteht darunter 2 Wochen lang im Rotlicht-Viertel von Pattaya rumzuhängen und die andere, in den Urwald zu gehen und auch mal bei Familie Tiger vorbei zu schauen und nach dem werten Befinden fragen. Oder, was heißt eigentlich Kultur? Der eine verbindet sein kulturelles Verständnis damit, Gebäude, Museen etc. anzugucken, und die andere die Lebensweisen der Einheimischen zu studieren und auch mal einen mit zu heben, und der andere reduziert Kultur auf die Mitnahme seines Kulturbeutels. Glauben Sie nicht auch, dass im Vorfeld über die Ziele klare Vorstellungen herrschen sollten? Sonst gibt's ziemlichen Zoff mit Ihrem Lebenspartner, zumal statistisch gesehen, sehr viele Beziehungen im Urlaub oder spätestens kurz danach auseinander gehen. Er hat ständig einen gehoben und sie wollte ins Museum für einheimische Töpferkunst, oder einen Kurs besuchen mit dem Thema "Professionelle Gestaltung eines Schrumpfkopfes". Da muss er dann aufpassen, dass nicht seine Rübe herhalten muss. Sie sehen schon, Verständigung über die Zielinhalte lässt einen nicht kopflos werden.

Auch die Formulierung der Alternativen (Phase 4) ist ein wenig kurz geraten. Was heißt das schon, „Italien"? Da kann man Badeurlaub machen, in die Berge gehen, schöne Städte ansehen, eine kulinarische Reise mit Wein, Weib und Gesang antreten usw. Also meine Damen und Herren, auch die Alternativen präzisieren.

Im Unternehmen ist es natürlich mindestens genauso wichtig, dass über die Inhalte von Zielen und Maßnahmen (Alternativen) Klarheit herrscht.

Die **Vorteile** der Technik „Nutzwertanalyse" liegen klar auf der Hand.

- Sie können sowohl quantitative Beurteilungskriterien wie in unserem Beispiel die Kosten, als auch qualitative Beurteilungskriterien wie z.B. Erholung nebeneinander stellen, und wählen bei seriöser Vorgehensweise die beste Alternative.

- Die Einfachheit des Verfahrens. Man muss nicht der absolute Fachmann sein, um mit dieser Technik zu arbeiten.

- Übersichtlich durch schriftliche Fixierung. Wenn Sie eine Bewertung nur im Kopf vornehmen würden, wäre die Gefahr einer Fehlentscheidung sehr groß. Hätten Sie damals Ihre Partnerwahl mit der Nutzwertanalyse durchgeführt, wäre Ihnen das Malheur mit der Carla Schwarz sicher nicht passiert. Ist ja klar, dass der Verstand aussetzt, wenn das Blut nicht da ist, wo es normalerweise verstärkt hingehört, nämlich ins Gehirn.

Natürlich hat jede Technik, wie alles auf der Welt auch **Nachteile**.

Der schwerwiegendste Nachteil dieser Technik ist mit einem einzigen Begriff zu umschreiben: **Subjektivität**. Die Zielgewichtung sowie die Punktvergabe sind rein subjektiv. Sie kriegen das aber einigermaßen in den Griff, wenn Sie nicht alleine bewerten, sondern immer in der Gruppe. Dann wäre damals auch sicherlich nicht die Carla Schwarz rausgekommen, sondern die Naomi Campell, die ja meines Wissens auch zur Disposition stand. Oder sogar Angela.

(6) Entscheidung

Jetzt haben Sie bewertet, und dadurch ist auch schon eine Entscheidung gefallen. Man kann also sagen, das Ende der Bewertung ist die Entscheidung, da Sie ja aus der Vielzahl der Alternativen eine ausgewählt haben.

Jetzt ist der Planungsprozess als Teilprozess des Managementprozesses zu Ende. Der Plan bzw. das Konzept steht. Wie schön. Jetzt muss es nur noch umgesetzt werden, d.h. Sie fliegen nach Thailand und verbringen dort Ihren Urlaub (= Realisierung). Wenn Sie wieder zu Hause sind, überlegen Sie sich, hat alles so geklappt, wie Sie sich das vorgestellt haben (= Kontrolle), und weil der Soll-Ist-Vergleich so positiv ist, vor allem die Abwechslung vom Feinsten war, fliegen Sie nächstes Jahr wieder da hin (= Steuern).

4.1.10.2. Erstellung eines Marketingkonzeptes (= Marketingplan)

Wie versprochen, kommt jetzt ein umfassendes **betriebliches Beispiel**.

Ausgehend vom Unternehmensleitbild und abgeleitet aus der Gesamtunternehmensplanung (s. Kapitel 4.1.4), könnte ein Marketingplan wie folgt aussehen.

(1) Analyse Ist- Zustand

Welche Informationsbedürfnisse müssen Sie befriedigen, um die Umwelt- und Unternehmenssituation einigermaßen einzuschätzen, und daraus Marketingziele, Marketingstrategien und operative Marketingmaßnahmen ableiten zu können, ist hier die Frage. Und jetzt mal wirklich Spaß beiseite, mal ganz ernsthaft ein Marketingkonzept entwickeln. Sie wollen ja etwas verkaufen als Marketingleiter, und Carla möchte doch umziehen. Da kennt Sie keinen Spaß.

Der Informationsbedarf für die Erstellung eines Marketingkonzepts kann durch das Marketingdreieck abgebildet werden:

Das Marketingdreieck kennzeichnet die Informationsbereiche, welche der Marketingmanager, also Sie, abchecken muss.

An der Spitze des Dreiecks steht der **Kunde**. Vom Kunden möchten Sie schon mal wissen, wer er ist, also die rein **soziodemografischen** (= Leute beschreibenden) Daten, wo er einkauft, welche Produkte er gerne hätte, wie diese konkret gestaltet sein sollen, welche Medien er nutzt um sich zu informieren, welche Preise er bereit ist zu zahlen usw.

Aber auch die Erhebung **qualitativer Daten** wie Kaufmotive, Meinungen, Einstellungen sind für einen langfristigen Erfolg unabdingbar. Klingt gut.

Als nächstes sollten Sie wichtige Daten über die **Konkurrenten** erforschen. Da interessieren auch grundsätzliche Dinge wie: Wer ist der Konkurrent, welche Marktanteile hat er, wo sitzt er etc.

Weiterhin interessieren beim Konkurrenten seine strategische Ausrichtung, hier insbesondere seine Art der Marktbearbeitung, seine Ziele, seine Annahmen über den Markt und natürlich seine Fähigkeiten, d.h. seine Stärken und Schwächen.

Während die Kunden und die Konkurrenz Faktoren der sogenannten Mikro-Umwelt darstellen, weil sich das Unternehmen mit ihnen tagtäglich auseinandersetzt und diese

Faktoren auch entsprechend beeinflussbar sind, beschäftigt sich die Analyse der Makro-Umwelt mit Faktoren, die zwar vom Unternehmen kaum beeinflussbar sind, aber dennoch analysiert werden müssen (vgl. Kapitel 4.1.6). Vorerst sehen wir uns mal die Makro-Umwelt an.

Da sind mal **ökonomische** Faktoren wie z.B. der momentane Leitzinssatz, Wechselkurse, Inflationsrate, voraussichtliche Wachstumsrate, also eher volkswirtschaftliche Faktoren. Wenn der Euro schwach ist, tummeln sich wieder jeder Menge Amis auf dem Oktoberfest und trinken jeder Menge Bier und Schnaps, wenn der Euro stark ist, bleibt der Ami lieber zu Hause und trinkt sein Budweiser und seinen Whisky in Alabama. Wenn die Zinsen niedrig sind lässt sich's gleich mal locker investieren ins Unternehmen, z.B. in einen Billardtisch im Chefzimmer und eine respektable Bar, wenn mal wirklich wichtige Kunden kommen.

Zum anderen sind **politisch-rechtliche** Faktoren zu analysieren, z.B. ob es neue Gesetze gibt, die mein Marketingkonzept beeinflussen könnten. Oder, wer wird der neue Landrat, im Amigoland Bayern ein besonders wichtiger Faktor. Schafft es der amtierende Bundeskanzler/Bundeskanzlerin, dürfen nach EU-Recht Gurken wieder krumm sein oder sollten sie eine S-Form aufweisen. Dürfen die Dornen von Rosen wieder länger als 7 mm sein (ja, so bescheuerte Gesetze lassen die sich in Brüssel teilweise einfallen, wahrscheinlich um ihre Daseinsberechtigung zu untermauern), und wird die Mehrwertsteuer für Alkoholika erhöht.

Da wären als nächstes die **sozio-kulturellen** Faktoren (auch gesellschaftliche Faktoren genannt). Es geht dabei einerseits um Veränderungen bei den **soziodemografischen Daten**, z.B. der kommende Seniorenmarkt wird für alle Marketingtreibenden eine interessante Herausforderung. In absehbarer Zeit ist die Mehrheit der Bevölkerung in Deutschland über 65. Und wer hat dann die Kohle? Und wer will an die ran? Genau, die Marketingleute! Also sind solche Informationen wichtig für das Konzept. Andere soziodemografische Daten neben dem Alter sind das Geschlecht, Wohnort, Ausbildung, Beruf, Haushaltsgröße und so'n Zeug.

Aber auch qualitative Daten wie der **Wertewandel** sind da interessant. Früher hat sich der Jugendliche womöglich noch eher für einen Baseballschläger interessiert, heute ist er vielleicht ganz spitz auf eine Töpferscheibe.

Auch **technologische** Faktoren sind von großem Interesse. Vielleicht gibt es ja Materialien, mit denen man jetzt Produkte herstellen kann, die früher nicht produzierbar waren, wie z.B. eine Zeitmaschine oder noch besser ein Pulver, das Wasser zu Bier verwandelt oder ähnliches. Aber auch durch neue Fertigungstechnologien können vielleicht neuartige Produkte hergestellt werden (der Marketer nennt Produkte auch Problemlösungen, weil Produkte, die keine Probleme lösen sind ja wohl für'n…, verkauft sich nicht das Zeug).

Ökologische Kriterien werden immer wichtiger, weil insbesondere der Mitteleuropäer zunehmend umweltbewusster wird. Gut so, von irgend so einer Dreckschleuderfirma soll man auch nichts kaufen. Die sollen doch hingehen wo der Pfeffer wächst. Vielleicht auch nicht so gut, dann gehen die aufgrund meines Buches nach Guyana, da wächst nämlich der Pfeffer, und versauen da alles. Auch Umwelttechnologien, Umweltgesetze etc. werden hier erfasst, soweit das nicht schon bei der Analyse der anderen Faktoren geschehen ist.

Ein letztes Kriterium sind **physische Faktoren**, wie Infrastruktur, geografische und klimatische Verhältnisse. Wo es keine Kanalisation und kein fließendes Wasser gibt baut man doch keine Vertriebsniederlassung hin, wo soll man sich denn da die Hände waschen. Ne, wäre zu schmuddelig.

Oder wenn Sie exportieren, wäre es vielleicht gar nicht so toll, Kühlschränke in die Antarktis verkaufen zu wollen, oder in tropische Gebiete Autos ohne Klimaanlagen zu verschachern, nur um ein bisschen Geld einsparen zu können.

So jetzt haben Sie die wichtigsten Faktoren außerhalb des Unternehmens analysiert, jetzt müssen Sie natürlich noch abchecken, was Sie als **Unternehmen** selbst so drauf haben. Möglicherweise haben Sie Vorteile in der Marktbearbeitung oder in der Forschung und Entwicklung gegenüber der Konkurrenz, oder Sie können kostengünstiger produzieren etc.

(2) Prognose

Alle erhobenen, gegenwartsbezogenen Daten über Kunden, Konkurrenz, Makroumwelt und Unternehmen werden nun in die Zukunft projiziert. Vielleicht macht ja z.B. der Konkurrent in der Zukunft in dem einen oder anderen Geschäftsbereich (i.d.R. ein Produktbereich) dicht. Vielleicht baut er keine Zeitmaschinen mehr, weil die Leute weniger Bock haben auf Zeitreisen, insbes. wenn der Konkurrent technische Probleme mit dem gleichzeitigen Altern der Kunden auf ihren Zeitreisen hat. Als Skelett ist es halt relativ schwierig wieder in die Gegenwart zurückzukommen. Na ja Kinderkrankheiten hat so ziemlich jedes neu entwickelte Produkt.

Könnte auch sein, dass sich die Wertvorstellungen der Kunden ändern, z.B. weg vom alternativen umweltbewussten Lebensstil hin zum hedonistischen Lebensstil (Genuss als höchstes Gut). Dann sollte man als Bekleidungsunternehmen vielleicht weniger Ölbergrenner (Gesundheitsschuhe) und Strahlenschutzanzüge (Latzhosen) und für die Damen nicht-taillierte Leinensäcke, sondern eine mega-geile Marke im Markt positionieren und ausgeflippten Fummel herstellen.

Möglicherweise werden demnächst neue Gesetze verabschiedet, die Einfluss auf den Markt und damit auf das Marketingkonzept haben. Neue Technologien könnten im Anmarsch sein, ein Regierungswechsel steht evtl. bevor, ein Komet schlägt ein, wie damals in Yukatan und macht die ganze Baumwollernte platt. Dann muss man wieder synthetische T-Shirts produzieren für die 583 Überlebenden der Katastrophe.

Auch mögliche Unternehmensentwicklungen finanzieller, personeller Art usw. müssen prognostiziert werden, um z.B. Engpässe, Unterdeckungen, Überdeckungen usw. festzustellen.

Sie sehen schon, solche möglichen Entwicklungen in der Zukunft sollten vorweggenommen werden, da ja auch das zu entwickelnde Konzept auf die Zukunft und nicht auf die Gegenwart ausgerichtet ist.

(3) Ziele

Jetzt mal ein bisschen Phantasie an den Tag legen, geschätzter Leser, was sind denn so typische marktbezogene Ziele, also Marketingziele? Was wollen Sie auf den Märkten erreichen? Da hätten wir z.B. folgendes im Angebot:

- Absatzsteigerung, d.h. eine Erhöhung der Absatzmenge im Vergleich zum Vorjahr soll erreicht werden; z.B. 10.000 Stück von Produkt XY sollen verkauft werden

- Umsatzsteigerung (Umsatz = Preis x Menge); bei einem Preis von 5 € soll der Umsatz 50.000 € bei Produkt XY betragen

- Erreichung eines Marktanteils von 10 %, d.h. meine Stückzahlen (Absatzvolumen = 10000 Stück), sollen im Verhältnis zu den gesamten Stückzahlen der gesamten Branche (Marktvolumen = 100000 Stück) 10 % betragen (10000 x 100 / 100000)

- Steigerung der Kundenzufriedenheit um 20 %

- Steigerung der Kundenbindung (z.B. gemessen an der Wiederkaufsrate); der Kunde soll mindestens 3 mal pro Jahr kaufen

- Verbesserung des Images (französisch image = das Bild) des Unternehmens

(4) Entwicklung strategischer Maßnahmen

Wie erreichen Sie die oben gesetzten Ziele **grundsätzlich**? Das ist hier die Frage.

Strategische Alternativen müssen gesucht (Alternativensuche) und bewertet werden (Bewertung), und dann eine Auswahl zwischen den verschiedenen Optionen getroffen werden (Entscheidung). Eine Option ist übrigens etwas, das man tun kann, aber nicht muss. Sie haben z.B. die Möglichkeit mit Ihren Freunden auszugehen oder mit Ihrer Lebenspartnerin Carla. Die möglichen Auswirkungen der verschiedenen Optionen sollten Sie bewerten, d.h. die Vorteile und Nachteile beider Alternativen abwägen. Gehen Sie mit Ihren Freunden aus, wird die Lebenspartnerin evtl. beleidigt sein oder Ihnen die Hölle heiß machen, gehen Sie dagegen mit Ihrer Lebenspartnerin aus, werden Ihre Freunde Sie womöglich als Weichei (bayrisch: Haubentaucher), als Warmduscher, als Schattenparker oder sogar als Spaghettischneider schmähen.

Typische Strategiebündel im Marketingbereich sind:

(a)   Marktsegmentierungsstrategien

Vorab Grundlegendes zum Begriff **Marktsegmentierung:**

Ein Marktsegment ist gleichzusetzen mit einem Teilmarkt, mit einer Zielgruppe.

Man könnte den Markt z.B. nach **soziodemografischen** Kriterien unterteilen.

Nach dem Kriterium Geschlecht ergäben sich schon mal 2 Teilmärkte, Männer und Frauen (evtl.3, wenn Sie Zwitter noch in Betracht ziehen). Würden Sie den Markt noch in 4 Altersgruppen unterteilen, kämen Sie schon auf 8 verschiedene Zielgruppen (2 x 4) usw.

Ob das Sinn macht fragen Sie? Na klar! Ich glaube schon, dass Sie beispielsweise als Mountainbike-Hersteller 15 - 30 jährige Frauen z.B. mit der Werbung anders ansprechen sollten als die Zielgruppe der 50 - 65 jährigen Männer. Weitere soziodemografische Kriterien sind z.B. Haushaltsgröße, Einkommen, Beruf, Ausbildung (ja, ja, das hatten wir schon alles).

Weiterhin bieten sich **psychografische** und **geografische** Merkmale (Stadt-Land, verschiedene Länder etc.), sowie **Verhaltensmerkmale** an, um Zielgruppen zu beschreiben.

Psychografische Merkmale könnten z.B. unterschiedliche Motive, Einstellungen oder Meinungen sein.

Verhaltensmerkmale sind äußerlich sichtbar (psychografische nicht), wie z.B. unterschiedliches Einkaufsverhalten. Die eine geht lieber im Käfer einkaufen, der andere lieber im Lidl. Auch das Medienverhalten, der eine surft lieber im Internet, die andere liest lieber Zeitung…, das Preisverhalten, oder auch Warmduscher und Kaltduscher, Trockenrasierer und Nassrasierer sind unterschiedliche Ausprägungen von Verhaltensweisen.

Den Prozess, unterschiedliche Zielgruppen zu bilden, nennt man Marktsegmentierung.

Nun aber endlich zu den Marktsegmentierungsstrategien:

Wenn Sie alle Zielgruppen erreichen möchten, und das mit einem einheitlichen Marketingmix (gleiches Produkt, Werbung, Vertriebsweg, Preisstellung etc. für alle Zielgruppen), dann nennt man diese Strategie „**Kostenführerschaft**", weil Sie eine große Menge an gleichartigen Produkten herstellen, bewerben und vertreiben, und somit enorme Kosteneinsparungen erzielen können. Sie sagen, das funktioniert nicht? Kommt darauf an! Selbst wenn es Unterschiede zwischen den Zielgruppen gibt, kann diese Strategie funktionieren, nämlich dann, wenn Sie auf die Gemeinsamkeiten und nicht auf die Unterschiede zwischen den Zielgruppen losgehen. Sehen Sie sich mal die alte Marlboro-Werbung an, die ist weltweit einheitlich gewesen, trotz unterschiedlicher Mentalitäten und Bedürfnisse. Und warum funktioniert das? Weil der Cowboy Abenteuer, Freiheit und Natur widerspiegelt, die jedem imponieren, egal ob Deutscher, Amerikaner, Türke oder Chinese, egal ob Mann oder Frau, wurscht ob alt oder jung. Auch der Slogan „Don't be a Maybe" spricht alle Zielgruppen an. Marlboro hebt die Gemeinsamkeiten hervor.

Wenn dagegen die Bedürfnislagen beispielsweise von Frauen und Männern größere Unterschiede aufweisen, wäre es nicht unbedingt ratsam, mit der gleichen Werbung, den gleichen Vertriebswegen etc. den Markt zu bearbeiten In diesem Fall wäre eine

Differenzierungsstrategie vorzuziehen. VW hat beispielsweise für jedermann etwas im Angebot, vom Polo bis zum Bentley oder Lamborghini.

„Zielen" Sie mit ihrem Marketingmix von Haus aus nur auf eine bzw. wenige „Gruppen", dann fahren Sie eine **Nischenstrategie**. Aston Martin hat beispielsweise nicht für jede Bedürfnislage ein entsprechendes Angebot, oder haben Sie einen Aston Martin in der Garage stehen? Nicht? Ich gleich drei! Ganz ehrlich, ich könnte mir auch einen klitzekleinen Aston Martin nicht leisten.

Differenzierungsgrad Marktabdeckung	Undifferenzierte Marktbearbeitung	Differenzierte Marktbearbeitung
Alle Teilmärkte	**Kostenführerschaft**	**Differenzierung**
Ein Teilmarkt bzw. wenige Teilmärkte	**Nischenstrategie**	

Abbildung 22: Marktsegmentierungsstrategien

(b)   Produkt-Markt-Strategien

Diese Denkweise ist sehr einfach und deshalb genial. Was macht jedes Unternehmen dieser Welt, verehrter Leser? Genau, es versucht irgendwelche Leistungen (Produkte) auf irgendwelchen Märkten zu platzieren. Und da hat sich der Herr Ansoff (nicht zu verwechseln mit Ansuff) gedacht, da stell ich doch gleichmal Produkte und Märkte gegenüber. Nur, hat er sich gefragt, wie kann man denn Märkte und Produkte in jeweils 2 logische Kategorien gliedern? Was die Märkte angeht, kann man versuchen, die **bestehenden Märkte**, also die bestehenden Zielgruppen stärker zu bearbeiten, oder aber **neue Märkte** aufzubauen und klarzumachen. Und nun die Preisfrage. Wie hat Herr Ansoff wohl Produkte kategorisiert? Sie ahnen es schon? Richtig, man kann entweder versuchen mit **bestehenden Produkten** mehr Geschäft zu machen, oder aber **neue Produkte** entwickeln.

- Die Strategie, bestehende Produkte verstärkt auf bestehenden Märkten zu vertreiben nennt man **Marktdurchdringung**.

- Bestehende Produkte auf neuen Märkten zu etablieren ist die Strategie der **Marktentwicklung**.

- Neue Produkte für die bestehenden Zielgruppen (= Märkte) zu entwickeln wird die Strategie der **Produktentwicklung** genannt.

116

- neue Produkte für neue Zielgruppen zu entwickeln nennen die Marketinggurus die Strategie der **Diversifikation**.

Ein schönes Beispiel für eine **Marktentwicklungsstrategie** ist „Kinderschokolade". Die bestehende Zielgruppe waren Kinder. Aber ein Schluck Milch ist ja auch für Erwachsene okay, d.h. das gleiche Produkt wird einer neuen Zielgruppe offeriert.

Ist ja vielleicht auch zu mühsam im Rahmen einer Strategie der **Marktdurchdringung** den Kindern noch mehr Schokolade zu verabreichen. Wenn, dann sollte man mit der Schokolade zusammen einen Holzkeil verkaufen, den man den Kindern unterschiebt, damit sie nicht wegrollen. Wäre eine schöne Verkaufsförderungsmaßnahme.

Wir könnten natürlich auch ein neues Produkt für Kinder entwickeln. Im Rahmen dieser **Produktentwicklungsstrategie** könnte man z.B. Schokoladeneier mit einem hyperaktivitätshemmenden Wirkstoff versehen, damit man sich mal wieder so richtig auf den Feierabend freuen kann im Kreis einer ruhigen, ausgeglichenen Familie.

Und wenn wir das zuletzt genannte Produkt für Erwachsene entwickeln würden, dann hätten wir die Strategie der **Diversifikation** verfolgt, da ja sowohl das Produkt als auch die Zielgruppe neu wären. Wäre vielleicht auch gar nicht so doof, dann könnte man endlich mal wieder durchschlafen und sich ab und zu den ehelichen (oder auch eheähnlichen) Pflichten entziehen. Nur, will man das? Also ich nicht!

Falls wir eine Umsatzlücke prognostiziert haben, wird die eine oder andere dieser Ansoff-Strategien schon geeignet sein, diese Lücke zu schließen. Eine Umsatzlücke entsteht durch eine Diskrepanz zwischen dem **Sollumsatz**, also dem Umsatz, den wir gerne hätten, und dem prognostizierten **Ist-Umsatz**, also dem Umsatz, den wir hätten, wenn wir so weiter machen würden wie bisher, d.h. wenn wir unsere Strategie, unsere Vorgehensweise nicht ändern.

Märkte Produkte	bestehende	neue
bestehende	**Marktdurchdringung**	**Marktentwicklung**
neue	**Produktentwicklung**	**Diversifikation**

Abbildung 23: Produkt-Markt-Kombinationen

(c) Art der Marktstimulierung

Die Frage ist hier ganz einfach: Stimulieren Sie den Kunden eher über hohe Qualität, wie z.B. BMW (= Qualitätsstrategie = Präferenzstrategie) oder eher über einen niedrigen Preis (= Discountstrategie = Preis-Mengen-Strategie), wie z.B. Dacia? Wie schaut es da bei Ihnen aus? Sind Sie eher zu stimulieren nach dem Motto „Hauptsache kostengünstig" oder eher über hohe Qualität, die was hermacht? Das kommt darauf an! So, so! Das Bier muss exquisit sein, da ist der Preis egal, und das Auto sollte von A nach B kommen, aber Sie wollen nicht zu viel Geld ausgeben dafür, sonst reicht es ja fürs Bier nicht mehr. Hängt also vom Produktbereich ab. Na, hab ich mir schon gedacht.

(d) Wettbewerbsvorteilsstrategie

Vorher haben wir uns überlegt, wie wir dem Kunden unser Zeug verkaufen können, jetzt kommen die Konkurrenten ins Spiel. Die wollen einem bekanntlich ja die Tour vermasseln. Das kennen die Jungs doch aus der Kneipe. Während man eine Sahneschnitte anbaggert, kommt so ein Dahergelaufener dahergelaufen, zugegeben sieht gut aus, hat gute Sprüche drauf, und lässt zufällig seinen Schlüsselanhänger mit einem Porscheemblem auf dem Tresen liegen. Der landet bei der Sahneschnitte, wenn man sich nicht schnell überlegt, was kann ich eigentlich aufbieten? Vielleicht meine Briefmarkensammlung die ich ihr zuhause zeigen könnte, oder eine Einladung zu einer Themenrunde „den tasmanischen Teufel retten", dazu wird Jasmin-Tee gereicht. Ja, da muss man sich schnell was einfallen lassen. Und wer hätte es gedacht, im Unternehmen ist es auch nicht anders.

An dieser Stelle möchte ich mich mal entschuldigen für meine klischeehaften Beispiele, aber die kommen halt gut rüber und verankern sich aufgrund der Bilder, die bei Ihnen entstehen, schnell im Gedächtnis.

Der Vorteil gegenüber der Konkurrenz kann generell wieder in 2 Kategorien eingeteilt werden. Soll Ihr Unternehmen einen Kostenvorteil oder eher einen Nutzenvorteil gegenüber der Konkurrenz haben? Das sind doch alte Bekannte, Kosten und Nutzen. Klingelt's? Ja, das hat was mit Effizienz zu tun, man könnte auch sagen mit dem Wert meiner Produkte.

Hierzu ein **Beispiel**, um Ihnen mal den Unterschied zwischen den wichtigen Begriffen „Wert" und „Qualität" näherzubringen. Sie sitzen in der Wirtschaft und essen einen vorzüglichen Schweinebraten, den besten den Sie je gegessen haben. Falls Sie Vegetarier sind oder Veganer, dann wieder mal Entschuldigung für die Wahl des Beispiels. Jedenfalls sind Sie hin und weg vom Schweinebratengenuss. Er wurde **Ihren Anforderungen** nämlich voll **gerecht**, und das ist die Definition von Qualität. Warten Sie, das dicke Ende kommt noch. Eine halbe Stunde später wird Ihnen die Rechnung präsentiert (wie immer im Leben). Schweinebraten 38 Euro, und Sie sagen: „das war es aber nicht…, das war es aber nicht…, genau, das war es aber nicht **wert**! Qualität war super, aber nicht zu diesem Preis, d.h. das Kosten-Nutzen-Verhältnis des Schweinebratens, das Preis-Leistungs-Verhältnis, der **Wert** wird negativ eingeschätzt.

Wenn Sie jetzt noch überlegen, ob Sie den gesamten Markt oder nur einen oder wenige Teilmärkte bearbeiten wollen, können Sie die Optionen dieses Strategiebündels wie folgt darstellen:

Art des Vorteils Marktabdeckung	Leistungsvorteil	Kostenvorteil
Alle Marktsegmente	Differenzierungsstrategie **(Qualitätsführerschaft)**	Aggressive Preisstrategie **(Kostenführerschaft)**
Ein bzw. wenige Marktsegmente	**Produkt-Segment- Spezialisierung**	**Niedrigpreisstrategie auf dem Teilmarkt**

Abbildung 24: Wettbewerbsvorteilsstrategien

(e)   Wettbewerbsverhaltensstrategien

Hier geht's immer noch um die Konkurrenz. Nur fragen Sie sich hier nicht, welcher Art Ihr Vorteil gegenüber der Konkurrenz sein soll, sondern wie Sie sich gegenüber der Konkurrenz **verhalten** sollen. Um nochmal auf das Kneipenbeispiel von vorhin zurückzukommen. Sie könnten natürlich schon hergehen, und Ihrem Mitbewerber eines auf die … anbieten oder – um sich Formalitäten zu sparen – gleich geben. Das formuliert man natürlich auf eine elegante Art, kommt viel besser rüber bei den Damen, wie z.B. „ich denke einmal, es ist die Zeit für Sie gekommen dieses Etablissement zu verlassen, sonst gebe ich Ihrem inneren Schmerz gerne einen äußerlichen Grund." Das hat Stil, das sitzt, die Sahneschnitte ist sicherlich hin und weg. Das nennt man dann Aggressionsstrategie oder auch **Konfliktstrategie**. Natürlich könnten Sie sich auch **anpassen**, also eine Strategie der friedlichen Koexistenz fahren, weil Ihre Ressourcen (in diesem Fall Muskelmasse) begrenzt sind. Die Anpassungsstrategie wäre dann z.B. „Nö du, find ich voll okay. Kannst meinen Barplatz haben und bestell Dir noch'n Mochito auf meine Rechnung." Der Klügere gibt dem Dümmeren den Weg frei denken Sie sich zu recht und ziehen von dannen. Noch ein bisschen differenzierter können die Wettbewerbsverhaltensstrategien wie folgt dargestellt werden:

Verhaltensdimensionen	innovativ	imitativ
wettbewerbsvermeidend	**Ausweichstrategie**	**Anpassungsstrategie**
wettbewerbsstellend	**Konfliktstrategie**	**Kooperationsstrategie**

Abbildung 25: Wettbewerbsverhaltensstrategien

Unternehmen können sich ganz offen **bekämpfen** (lateinisch „conflictere" = sich bekämpfen), was auf den Absatzmärkten z.B. durch relativ angriffslustige Werbung oder durch aggressive Preispolitik beobachtbar ist, sie können sich aber auch **anpassen** in ihren Verhaltensweisen, was oftmals durch ähnliche Preisgestaltung, häufig mit Preisen leicht unterhalb des Marktführers, oder mit angepasster Werbung, die keinesfalls herausfordernd gestaltet ist, sichtbar wird.

Wenn ein Unternehmen ständig etwas Neues, etwas Innovatives zu bieten hat, wie z.B. Apple, ist es der Konkurrenz häufig einige Schritte voraus und somit temporärer Monopolist. Es muss sich in dieser Zeit dem Wettbewerb nicht stellen, weil es kein Konkurrenzprodukt gibt. Es kann der Konkurrenz **ausweichen**. Wenn Sie beispielsweise die Gedanken der Sahneschnitte lesen können, und Sie wissen, auf was sie steht, sind Sie Ihrer Konkurrenz weit voraus und im Vorteil.

„Wenn Du Deinen Feind nicht besiegen kannst, dann verbünde Dich mit ihm", heißt ein gescheiter Spruch. Das Unternehmen stellt sich in positiver Art dem Wettbewerb, indem es mit Wettbewerbern **kooperiert**. Sie können ja auch mit dem Porschefahrer davoneilen, ein bisschen Porsche fahren und die Sahneschnitte sich selbst oder anderen überlassen. Die ganz gescheiten Manager sagen natürlich nicht mehr „kooperieren", sondern „strategische Allianzen mit dem Wettbewerb eingehen". Ein bisschen gescheit daher reden kommt im Kreise der Managerkollegen ganz gut, meinen manche, da kann man gleich mal zeigen, was man so drauf hat. Da halte ich es jedoch lieber mit den Sprüchen „lasst Taten sprechen, nicht Worte" oder „wer weiß redet nicht, und wer redet weiß nicht."

(f)   Markteintrittsstrategien

Bei diesem Strategiebündel geht es darum, **wann** das Unternehmen mit seinen Produkten in den Markt eintreten möchte. Will es wie z.B. Apple, immer als **erstes** Unternehmen mit einem neuen Produkt auf den Markt kommen, und damit eine temporäre Monopolstellung einnehmen, und in dieser Zeit kräftig absahnen? Das nennen die Marketingstrategen dann eine **Pionierstrategie**. Oder aber tritt das Unternehmen eine **frühe Nachfolge** nach dem Pionier an, wie oftmals Samsung (das aber auch die Pionierrolle übernehmen kann). Und als letzte Möglichkeit gibt es dann noch die Strategie der **späten Nachfolge**, d.h. die Krümel auflesen, die Pioniere und frühe Nachfolger liegen gelassen haben. Oftmals ist das aufgrund schwacher Forschungs- & Entwicklungskapazitäten auch gar nicht anders machbar.

Fazit:

In Ihrem Konzept könnten Sie sich z.B. für folgende strategische Ausrichtung entscheiden:

Sie wollen alle Zielgruppen differenziert bearbeiten (**differenzierte Marktsegmentierung**), und eine **Qualitätsstrategie** fahren, d.h. auf die zielgruppenspezifischen Anforderungen eingehen. Gegenüber der Konkurrenz wollen Sie insbesondere **Leistungsvorteile** aufbauen und durch **ständige Innovationen** nach Möglichkeit der Erste im Markt sein, um sich dem Wettbewerb zumindest temporär nicht stellen zu müssen. Prognostizierte Umsatzlücken wollen Sie schließen durch eine **Marktentwicklungsstrategie**, d.h. neue Märkte für bestehende Produkte finden, und gleichzeitig auch eine **Produktentwicklungsstrategie** fahren, um sich den bestehenden Bedürfnissen mit Ihren Produkten besser anzupassen als bisher, und auch besser als die Konkurrenz.

Sie sehen schon, da sind jeder Menge strategische Entscheidungen zu treffen. Sie sagen das brauch ich nicht, ich wurschtle lieber im Tagesgeschäft, mal schauen was der nächste Tag bringt? Na dann viel Glück, denn das brauchen Sie dann im Übermaß. Hier mal wieder ein guter Spruch: "Operative Hektik ersetzt geistige Windstille" oder im Klartext: operatives Wurschteln im Tagesgeschäft ersetzt strategische Ausrichtung. Und wenn wir schon bei Wurstwaren sind, mit dieser Einstellung kann man nicht mal eine Würstelbude erfolgreich managen.

Nachdem wir den hoffentlich richtigen Weg ausgesucht haben (Doing the right things), geht es darum, den Weg richtig zu gehen (Doing the things right). Mit anderen Worten, wir wenden uns jetzt der operativen Ebene zu.

(5) Operative Maßnahmen entwickeln

Nachdem Sie die richtigen Wege der Marktbearbeitung, sprich Marketingstrategien gefunden haben, müssen Sie jetzt diese Wege auch richtig gehen, d.h. operative Entscheidungen treffen. Wie bei der Entwicklung der Strategien müssen auch hier operative Alternativen gesucht, die verschiedenen Möglichkeiten bewertet, und sich dann für einen entsprechenden Marketing-Mix entschieden werden. Als Marketing-Mix ist hier eine sinnvolle Abstimmung der einzelnen (vornehmlich operativen) Marketinginstrumente zu verstehen.

Da ja dieses Werk (klingt irgendwie hochtrabender als Buch) nicht dazu gedacht ist, Ihnen alle Feinheiten des Marketings näher zu bringen, fasse ich mich hier ausnahmsweise mal kurz.

(a)   Produkt und Programmpolitik („product")

Am Anfang war das Produkt. Aber nicht irgendein Produkt, sondern so wie es der Kunde laut Kundenanalyse (Analyse Ist-Zustand) haben möchte. Sie wollen ja seine Probleme lösen. Damit sich unser Held von vorhin in der Bar behauptet, und nicht frühzeitig das Feld räumen muss, könnten Sie z.B. ein Produkt generieren, welches dieses Problem löst. So wurde der Alkohol geboren. Ihr Unternehmen konzipiert zwecks Problemlösung etwas Hochprozentiges, mit dessen Hilfe unser Typ sich unglaublich stark fühlt, sich aber am nächsten Tag die dicke Lippe und das blaue Auge zwecks Filmriss nicht erklären kann. Irgendwas war da doch gestern. Das Produkt muss natürlich noch verpackt werden, sonst rinnt ja der wertvolle Inhalt durch die Hände. Außerdem muss die Verpackung auch aufmerksamkeitserregend gestaltet sein, damit unser Held es im Regal auch mit einem sehenden Auge gescheit wahrnimmt. Jetzt brauchen Sie für unser Produkt auch noch einen Namen und ein Produktzeichen, damit man es auch unter erheblichem Genuss dieses Getränks noch erkennt und es am Verkaufstresen dem Verkäufer noch zweifelsfrei zwecks Nachschub kommunizieren kann. Das nennen die Marketingschlauis die Marke. Hier würde sich ein Name wie „Haudraufundschluss" eignen, um die Problemlösefähigkeit zu unterstreichen.

Jetzt haben Sie schon die Produktsubstanz und dessen erforderliche Qualität festgelegt, eine Verpackung dafür konzipiert und dem Gesöff einen Namen und ein unverwechselbares Zeichen verpasst, wie z.B. eine geballte Männerfaust. Da Sie aber kein Ein-Produkt-Betrieb bleiben wollen, müssen Sie sich vielleicht auch noch Gedanken machen über weitere Produkte. So entsteht das Programm. Vielleicht nehmen Sie ein weiteres Produkt mit dem einfühlsamen Namen „Nochso`nSpruchKieferbruch" ins Programm auf. Kreativität ist alles bei der Markenfindung. Dann könnte man vielleicht als neue Produktlinie noch Männerparfüms der Marke „Skunk" kreieren. Das Programm sollte halt schon zielgruppengerecht aufeinander abgestimmt sein.

(b)   Kommunikationspolitik („promotion")

Was nützt es Ihnen, wenn Sie „schlagfertige" Produkte haben, aber keiner weiß es. Oder, stellen Sie sich vor, es ist Krieg, und keiner geht hin, weil es keiner weiß. Sie müssen natürlich kommunizieren mit dem Markt, d.h. mit dem Kunden, und ihm sagen wie toll Ihre Produkte sind und Ihr Unternehmen ist.

Aus meiner Beraterpraxis bekomme ich immer wieder von der Geschäftsleitung zu hören: "Ich versteh das einfach nicht. Wir haben weit und breit das beste Produkt zu einem guten Preis, aber wir verkaufen nix." – „Weils keiner weiß, Mann!!", pflege ich dann oft in sonorem Ton zu sagen. Also müssen Sie eine gescheite **Werbung** konzipieren, um zu sagen was Ihr **Produkt** alles kann, und warum der Kunde „Haudraufundschluss" von unserem Unternehmen und nicht „PiepPiepWirHabenUnsLieb" von der Konkurrenz kaufen soll. Das nennt, dann der Marketingfachmann die USP (Unique Selling Proposition) des Produktes, wörtlich: der einzigartige Verkaufsvorteil, also das Alleinstellungsmerkmal, der Grund, warum der Kunde Ihr Produkt und nicht das der Konkurrenz kaufen soll. Ohne den USP verkaufen Sie nix.

Natürlich müssen Sie Ihrem Kunden, und allen anderen, die an Ihrem Unternehmen Interesse haben, den Stakeholdern, auch noch sagen, wie toll Ihr **Unternehmen** ist. Den Kunden ist nämlich nicht nur wichtig, was das Produkt leistet, sondern auch noch, aus welchem Stall es kommt. Einem Unternehmen, das viel Dreck am Stecken hat in sozialer oder ökologischer Hinsicht, kauft der aufgeklärte, informierte Kunde nichts ab. Gut so, dass Dreckschleuderfirmen und menschenverachtende Unternehmen die rote Karte gezeigt bekommen. Der Froschauer trägt dick auf, finden Sie? Das ist nur die Spitze vom Eisberg, was ich für solche Unternehmen empfinde. Mein Vorschlag: Einen Führerschein für verantwortliche Unternehmensführung für das Top-Management des Unternehmens, und den alle 3 Jahre erneuern lassen. Wer kräftig daneben haut, fliegt raus, und kommt in vollem Umfang für entstandene Schäden auf oder alternativ ab in den Knast.

Auch technologisch sollen Unternehmen sich weiterentwickeln, wer will schon altbackene Produkte von anno dazumal. Wenn Sie z.B. solche Inhalte kommunizieren, wie ökologisch und sozial verantwortlich Ihr Unternehmen agiert, und wie es zum technischen Fortschritt beiträgt, nennt man das Sprachrohr hierzu „**Public Relation**" (PR), auf Deutsch auch Öffentlichkeitsarbeit.

Weiterhin bietet es sich auch an auf **Messen** vertreten zu sein. Allein schon um dabei zu sein, sonst heißt es gleich, „kann er nimmer", „steht ihm das Wasser bis Oberkante Unterlippe", „schwächelt der"? Ungefähr wie beim zuvor erwähnten Haubentaucher, der von seinem Lebenspartner keinen „Darfschein" für eine ordentliche Männertour ausgestellt bekommt. Was soll nur werden aus dieser Welt?

Natürlich gibt's noch ein paar andere Kommunikationsinstrumente. Aber ich schreib hier ja kein Marketingbuch (wär eine gute Idee fürs nächste Werk; bei Interesse daran, gleich mal an den Verlag schreiben zwecks Marketingbuch und Druck machen).

(c) Distributionspolitik („place")

Ihr Unternehmen hat das Produkt und das Programm gestaltet. Die aktuellen und potentiellen Kunden wissen, wie gut das Produkt ist und wie toll sich das Unternehmen gesellschaftlichen Belangen widmet. Aber der Kunde hält das Produkt noch nicht in Händen. Es muss distribuiert (= verteilt) werden. Hierzu müssen erstmal die organisatorischen Voraussetzungen geschaffen werden. Entscheidungen sind zu treffen, wie z.B.:

- „Verkaufen wir das Produkt über den Handel („**indirekter** Vertrieb") oder direkt an den Kunden ohne Zwischenschaltung von Händlern („**direkter** Vertrieb")?

- Kommen **eigene** Absatzorgane wie angestellter Außendienst, Werksverkauf (auch in sogen. Factory outlets) oder **fremde** Absatzorgane wie z.B. Handelsvertreter oder Kommissionäre zum Einsatz?

Weil es ja hier sozusagen um die Akquise des Kunden geht, also auf welchem Weg Sie Ihre Produkte bei ihm loswerden, wird dieser Bereich auch mit „akquisitorischer Distributionspolitik" betitelt.

In einem zweiten Schritt ist zu überlegen, wie die Produkte konkret, sozusagen „physisch" zu den Kunden gelangen. Deswegen wird dieser Bereich von den Marketingprofis auch „physische Distributionspolitik" oder auch" Marketinglogistik" genannt. Legen Sie sich **eigene** Transportmittel und **eigene** Außenlager zu oder überlassen Sie Transport und/oder Lagerhaltung **fremden** Dienstleistern, um hier mal die wichtigsten logistischen Entscheidungsbereiche zu nennen.

Jetzt nähern Sie sich auch schon langsam dem Ende der Konzipierung operativer Maßnahmen. Was fehlt noch? Ist Ihre Unternehmung die Heilsarmee? Nein? Sie will was verdienen, sagen Sie? Wie gemein. Also was fehlt noch zum perfekten Marketingglück? Erfasst, die Preise!

(d) Preis- und Konditionenpolitik („price")

Preise müssen Sie als Marketingfachmann/-fachfrau natürlich auch noch gestalten. Und das ist gar nicht mal so leicht, wie Sie wissen. Sie erinnern sich noch wie Sie letztens Ihr Schlaglochsuchgerät, (von Ihnen liebevoll Auto genannt) veräußern wollten? Hat ewig und drei Tage gedauert, bis Sie einen Preis dafür gefunden haben, oder? Dem Unternehmen geht es für seine Produkte nicht anders. Was raten Sie dem Unternehmen woran es sich bei der Preisbildung orientieren soll?

Genau, da wäre zum einen, was die **Konkurrenz** so verlangt. Was verlangen die für ihr Weicheiergesöff „PiepPiepWirHabenUnsLieb"? Zum anderen sollten die Preise natürlich die **Kosten** für das Produkt langfristig gesehen überdecken. Ihre eigenen Kosten interessieren den Kunden aber herzlich wenig. Ob Sie sich den neuen Ferrari leisten können oder nicht, tangiert den Kunden nur peripher (um auch mal geschwollen daher zu reden). Also muss man Preise verlangen, bei dem der Kunde sagt, na ja den Preis lege ich gerne hin für diese Leistung. Es geht also um die Einschätzung des Preis-Leistungsverhältnisses seitens des **Kunden**, also, Sie wissen es schon, um das Kosten-Nutzen-Verhältnis und damit um… ja, um den **Wert** Ihrer Leistung. Demnach macht es Sinn, sich bei der Preisbildung an den eigenen **Kosten**, der **Konkurrenz** und am **Kunden** zu orientieren.

Jetzt können Sie sich noch überlegen, ob wir z.B. den anfänglich niedrigen Preis später erhöhen oder beibehalten wollen, oder umgekehrt den anfänglich hohen Preis reduzieren oder beibehalten wollen.

Auch könnte man das Produkt für bestimmte Personengruppen kostengünstiger anbieten, z.B. für Studenten, die wollen ja auch mal kräftig einen verlöten. Da bietet es sich geradezu an, „Haudraufundschluss" zu Studententarifen anzubieten. Man könnte die Preise auch zeitlich differenzieren (so nennt man dann auch das Instrument: Preisdifferenzierung), z.B. im Sommer billiger, um den Absatz in den schwachen Monaten zu steigern. Im Winter, wenn's kalt ist, werden zwecks Körpererwärmung auch mal gerne 3 Euro mehr für die Flasche gezahlt. Wer hat's schon gerne kalt? Ja, da gibt's noch andere Möglichkeiten der Preisdifferenzierung, aber ich will Sie ja nicht zu lange mit Marketing langweilen. Marketing dient ja hier nur als ein mögliches Beispiel für einen betrieblichen Planungsprozess.

Wie in der Überschrift schon angedeutet, gibt's da auch noch Konditionen über die Sie nachdenken sollten. Da wären mal die Rabatte, Boni, Skonti. Weiterhin müssen Entscheidungen über Liefer- und Zahlungsbedingungen getroffen werden, und Sie können sich auch noch überlegen ob man dem Kunden (auch dem „Händlerkunden") den Absatz vorfinanzieren sollte. Hauptsache er kauft es, auch wenn er später zahlt.

Jetzt haben wir uns überlegt wie wir die **4 „p's"** gestalten. Was den für 4 p's? Das ist so: der Amerikaner und andere englischsprechende Länder, die es ja auch noch gibt, auch wenn das dem Amerikaner nicht immer so bewusst ist, nennen die 4 Marketinginstrumente auch die 4 „p"s, weil der Amerikaner, vereinfachend wie er ist, alle 4 Begriffe für Marketinginstrumente mit „p" anfangen lässt. Die 4 „p"s habe ich, wie Sie sicherlich schon bemerkt haben, in Klammern zu den jeweiligen Überschriften der 4 operativen Marketingbereiche hinzugefügt. Und wenn Sie jetzt noch die 4 „p's" sauber aufeinander abstimmen, dann haben Sie einen guten **Marketing-Mix**. Ihrer könnte z.B. wie folgt aussehen:

Sie gestalten ein hochprozentiges alkoholisches Getränk, mit bestimmter Verpackung und dem Namen Haudraufundschluss. Ein Vierteljahr später bringen Sie noch ein zweites hochprozentiges Getränk mit anderer Geschmacksrichtung und dem Namen

„NochSo'nSpruchKieferbruch" auf den Markt. Sie machen Werbung in der Bikerzeitung, verkaufen Ihr Produkt auch auf Lebensmittel- und Getränkemessen und sind bei Rockkonzerten mit einem entsprechenden Verkaufsstand vertreten. PR-mäßig verklickern Sie den Stakeholdern (aufgepasst? Wissen Sie noch wer die sind? Richtig, alle die Interesse an unserem Unternehmen haben), dass wir zwar hart aber herzlich sind, uns um den Trinkernachwuchs kümmern und jedem eine unangenehme körperliche Erfahrung anbieten, der die Umwelt verschmutzt.

Vertrieben wird das Produkt vorerst über Getränkemärkte und Tankstellen, wobei Sie einen geeigneten Großhändler vorschalten (= indirekter Vertrieb). Der Preis bewegt sich auf mittlerem Level, sobald die Getränke jedoch eingeschlagen haben, wird der Preis unmerklich aber kontinuierlich erhöht (das nennt sich dann Penetrationspreisstrategie). Personen mit Trinkerausweis bekommen das Produkt 20% billiger. Man will ja helfen. Sie geben Einführungsrabatte und Funktionsrabatte beim Handel (z.B. weil er die Funktion Leergutverwaltung für Sie übernimmt, oder besonders viel auf Lager nimmt, dann steht das Zeug nicht in Ihrem Lager cognac, …äh rum). Wenn er gleich zahlt kriegt der Händler ordentliches Skonto eingeräumt, dann sind Sie ja flüssiger, und mit dem Ferrari wird es vielleicht doch noch was. Boni, also Rabatte im Nachhinein geben Sie vorerst nicht. Sie liefern frei Haus und geben dem Händlerkunden ein Zahlungsziel von 30 Tagen (innerhalb von 30 Tagen muss er zahlen).

So könnte Ihr Marketing-Mix aussehen.

(6) Marketingbudget

Wenn Sie sich jetzt noch überlegen, was Ihre Aktivitäten kosten, und wenn Sie diese Kosten als akzeptabel ansehen, soweit damit die zuvor formulierten Ziele erreicht werden, dann legen Sie diese Kosten als Obergrenze fest und haben budgetiert. Mehr soll das eben nicht kosten (Budget = vorgegebene Wertgröße).

War doch gar nicht so schwer: Sie sehen schon, ob Sie eine Urlaubsplanung privat, oder z.B. eine Marketingplanung im Betrieb durchziehen, die Vorgehensweise ist die gleiche.

4.1.11.   Planungsrichtung

So, jetzt weg von dem lebendigen Kurzbeispiel „Marketingplanung" wieder hin zum harten Manager-Alltag. Sie müssen sich überlegen, in welche „Richtung" soll geplant werden.

Der Planungsprozess kann grundsätzlich in zwei Richtungen erfolgen. Beim sogenannten **Top-down-Verfahren** („von oben nach unten") werden die Planungsziele und -maßnahmen von einer übergeordneten Stelle für die nach- und untergeordneten Stellen festgelegt. Diese von oben nach unten „durchgereichten" Vorgaben versprechen einen schnellen und auf bestimmte Ziele abgestimmten Planungsprozess. Problematisch ist jedoch, dass die Planungsvorgaben für die nach- und untergeordneten Stellen verbindlich sind, und die nachgeordneten Stellen überhaupt nicht gefragt worden sind, was sie dazu meinen. „So geht's ja nicht" werden Sie größtenteils zu recht sagen. Die vorgebenden

Stellen kennen zwar die Gesamtzusammenhänge, in welche das Unternehmen eingebettet ist in der Regel besser, aber sie haben naturgemäß nicht so viel Ahnung, was beispielsweise im Einkaufsbereich, an der Front Sache ist. Dadurch, dass die untergeordneten Stellen in den Planungsprozess nicht einbezogen werden, kann ein Nichterreichen des Planungszieles immer auch als nicht erfüllbare Vorgabe der vorgesetzten Stelle dargestellt werden. Da kann man sich als Mitarbeiter leicht rausreden. Dieses Verfahren kann und wird auch häufig zu einer Demotivation der jeweils untergeordneten Stellen führen, weil sie einfach etwas vorgesetzt bekommen ohne gefragt zu werden.

Wenn Ihnen die Carla – ohne Sie zu fragen – einfach das Ziel 85.000 Euro Einkommen im nächsten Jahr vor den Latz knallt, werden Sie sicherlich keinen Freudensprung machen, sondern schlimme Gedanken hegen, die wir hier nicht näher ausführen wollen. Carla hat sich natürlich schon etwas dabei gedacht, zumal sie sich ja mit ihrer besten Freundin Frauke 2 Minuten darüber beraten hat. Ging relativ schnell. Das ist das Gute an der Sache. Carla wusste aber nicht, dass Sie nächstes Jahr mit ihren Kumpeln Schwitzi und Finsterwalder Nobsi und Kratzeisen Clausi eine dreimonatige Motorradtour durch Afrika geplant haben und diesbezüglich sich bei Ihrem Chef Gehör verschafften, der Ihnen Ihr Anliegen mit einer Kündigung quittierte. Carla hat sozusagen ohne die Informationen der Basis Ziele für die Basis formuliert. Sie sind natürlich auch nicht sonderlich erbaut über die scheinbar unerfüllbaren Vorgaben. Ob das mal gut geht. Wenn nicht, dann können Sie der Carla ja immer noch sagen, dass als Sachbearbeiter einfach nicht mehr als 40.000 Euro Einkommen drin sind. Ob das allerdings Carla sonderlich beeindruckt, wage ich zu bezweifeln. Man kann ja auch noch bei Mc Donalds nebenbei jobben.

Ganz anders ist das beim **Bottom-up-Verfahren** („vom Boden nach oben"). Hier planen die nach- und untergeordneten Stellen für sich selbst und melden die Ergebnisse an ihre vorgesetzten Stellen weiter, also von unten nach oben. Hierdurch entsteht eine wesentlich höhere Verbindlichkeit für die jeweils untergeordneten Planungsstellen, da sie selbst in den Planungsprozess einbezogen werden, im Grunde sogar die Planung für sich selbst durchführen. Die Gefahr liegt hierbei in einer „Sicherheitsplanung". Damit ist gemeint, dass die Planungsziele so niedrig ausgewählt werden, dass den vorgesetzten Stellen am Ende der Planungsperiode eine sichere Zielerfüllung mitgeteilt werden kann. Die Mitarbeiter verschaffen sich ein Sicherheitspolster. „Wir haben mindestens Kosten in Höhe von…", „wir schaffen höchstens einen Umsatz von…". Diese „Sicherheitsplanung" führt i.d.R. nicht zu ambitionierten Planungszielen. Unternehmensoberziele wie z.B. ein bestimmter gewünschter Gewinn sind so schwer formulier- und erreichbar. Zudem verfügt die jeweils untere Ebene meist nicht über die gleichen Informationen wie die obere Ebene. Die Informationen aus der „Vogelperspektive" fehlen häufig.

Wenn Sie der Carla mitteilen, dass an irgendein Einkommen nächstes Jahr nicht zu denken ist, und Sie es ganz gut fänden, wenn Carla Ihnen 10.000 Euro für Ihren Trip liehe, würden Sie sicher die Erreichung von Carlas Oberziel bezüglich der 7-Zimmer-Wohnung am Marienplatz, verbunden mit täglichem Shoppen nicht unterstützen. Das vom Shoppen wussten Sie noch gar nicht? Na, da sehen Sie mal. Und da wollen Sie sich 10.000 Euro ausleihen. Geht doch nicht! Die arme Carla!

Um die zuvor genannten Missstände beider Verfahren zu vermeiden, und mit Carla klar zu kommen, gibt es da noch das **Gegenstromverfahren** (auch „down-up-Verfahren" genannt). Es versucht, die Nachteile beider Systeme zu vermeiden. Das Gegenstromverfahren ist eine Kombination aus Bottom-up- und Top-down-Verfahren. Im Rahmen eines vorläufig geltenden Plans werden z.B. die Oberziele formuliert und die daraus abgeleiteten Unterziele von der Unternehmensleitung noch unverbindlich nach unten vorgegeben. Auf den unteren Ebenen werden diese Zielvorgaben schließlich auf ihre Realisierbarkeit überprüft, und die Ergebnisse an die Unternehmensleitung zurückgemeldet. Diese hat dann die Aufgabe, ihre ursprünglichen Ziele zu überprüfen, anzupassen und wiederum den untergeordneten Führungsebenen vorzulegen. Die wechselseitigen Abstimmungsprozesse finden solange statt, bis ein geeigneter Kompromiss gefunden ist. In der Fachsprache wird das „Kneten" genannt.

Die Carla ist natürlich nicht blöd. Die geht natürlich mit einem noch höheren Zielausmaß rein, als sie von Ihnen erwartet. Sie gibt Ihnen als Diskussionsgrundlage mal so 100.000 Euro Einkommen fürs nächste Jahr an. Sie überprüfen diese Zielvorstellung, und lassen Ihr Anfangsgebot auf 20.000 Euro verlauten, die Carla Ihnen leihen soll. Nach hartem Ringen und „Kneten" einigen Sie sich schließlich auf 85.000 Euro Einkommen für nächstes Jahr, und Sie bereiten sich seelisch schon mal auf einen Bittgang zu Ihrem noch Ex-Chef vor. So hat doch jeder gekriegt, was er verdient. Das Leben ist hart aber ungerecht.

4.1.12.   Gesamtplan und Teilpläne

Die Gesamtplanung ist **die Abstimmung** der Pläne sämtlicher Unternehmensbereiche in **sachlicher** und **zeitlicher** Hinsicht.

Ist das bei Ihnen nicht ähnlich? Sie planen doch auch in verschiedenen Lebensbereichen wie Beruf, Familie, sonstige Beziehungen usw. Und das Ganze soll doch irgendwie zusammenpassen, aufeinander abgestimmt sein. Sie wollen gewiss einen Ausgleich, eine gewisse Balance in Ihrem Leben haben, sonst geht alles drunter und drüber, Sie werden unzufrieden und auch Ihr Körper macht das nicht mit und wird infolgedessen krank. Also muss man da ein wenig Ordnung schaffen. Übrigens der natürliche Zustand Ihres Körpers und Ihrer Seele ist Gesundheit. Deswegen sollte man sich über Gesundheit unterhalten und gut drauf sein, und nicht über Krankheit, die kriegt man sonst auch! Wenn Sie innerlich gut drauf sind, freut sich der Körper, und wird alles unternehmen, was er kann, damit Sie sich auch weiterhin Ihres schönen Lebens erfreuen können. Wenn Sie mies drauf sind, sich und Ihren Körper womöglich nicht leiden können, wird sich auch der Körper verabschieden, weil er sich sagt, der braucht mich ja nicht.

Sie sind Mediziner, und meinen der redet einen rechten Schmarrn der Froschauer? Dürfen Sie gerne, aber das ist meine Erfahrung, und meine Welt, und der Mediziner kann ja schlecht durch meine Augen sehen, und mir dementsprechend auch nicht meine Welt erklären. „Nu is aber gnu" wie der Finsterwalder Nobsi immer sagt.

Der Gesamtplan hat die Aufgabe, alle Teilpläne im Unternehmen zusammenzufassen. Er ist damit ein **Führungsmittel** der Unternehmung, nachdem sich alle hierarchischen Ebenen zu richten haben.

Ausgehend vom Leitbild der Unternehmung, den Unternehmenszielen und den Informationen aus Unternehmens- und Umweltanalyse werden für jeden Funktionsbereich des Unternehmens **Teilpläne** erstellt. Hierbei ist darauf zu achten, dass die Teilpläne so aufeinander abgestimmt werden, dass für das Gesamtunternehmen ein Optimum erzielt wird. Nur, weil Sie in jedem Funktionsbereich des Unternehmens einen optimalen Plan aufgestellt haben, heißt das noch lange nicht, dass diese Teilpläne so aufeinander abgestimmt sind, dass sich auch für das Gesamtunternehmen ein Optimum ergibt. Typische **Teilplanungsbereiche** im Unternehmen sind die

- Absatzplanung/Umsatzplanung
- Produktionsplanung
- Beschaffungsplanung
- Investitionsplanung
- Finanzierungsplanung/Finanzplanung
- Personalplanung
- Kostenplanung und
- Erfolgsplanung

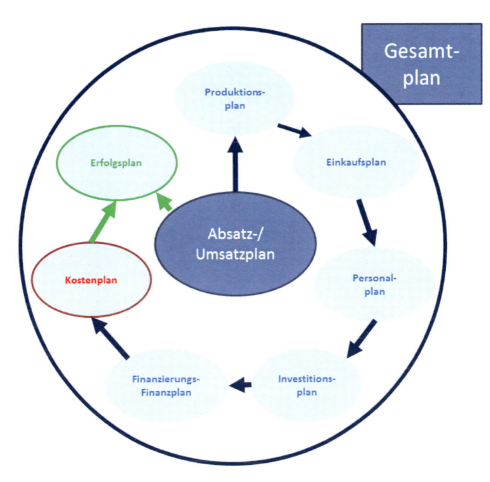

Abbildung 26: Gesamtplan – Teilpläne

Im Mittelpunkt der ganzen Planung stehen der **Absatzplan** (Menge) und der **Umsatzplan** (Preis x Menge). Ohne den Absatzplan geht jedenfalls nix. Wenn Sie nicht wissen wie viel Sie absetzen können, ist jede nachfolgende Planung für die Katz. Stellen Sie sich vor, Sie sind Produktionsleiter in einem Industriebetrieb, und fragen den Absatzleiter: „Sagen Sie mal Herr Kunz, wie viel Liter vom Produkt „Haudraufundschluss" werden wir den nächstes Jahr vermutlich absetzen?", und der antwortet Ihnen lapidar: „Könnten 1 Million Liter, könnten aber auch 3 Millionen Liter sein". Sie bedanken sich recht herzlich und verabschieden sich mit den Worten: „Danke Herr Kunz, mit dieser Information kann ich jetzt super meinen Produktionsplan aufbauen".

Wenn Sie wissen was absetzbar ist, haben Sie auch eine Vorstellung von dem, was produziert werden soll (**Produktionsplan**), was aufgrund dessen an Materialien und Dienstleistungen eingekauft werden muss (**Beschaffungsplan**), wie viele Personen Sie mit welcher Qualifikation benötigen um die anstehenden Aufgaben zu bewältigen (**Personalplan**), ob für die Erledigung dieser Aktivitäten zusätzlich z.B. in Maschinen investiert werden soll (**Investitionsplan**), und wo Sie das Geld für diese Investitionen herbekommen (**Finanzierungsplan**). Dabei sollten Sie immer zeitraumbezogen liquide sein (**Finanzplan**), sonst geht's ab in die Insolvenz. Diese ganzen Aktivitäten kosten auch etwas (**Kostenplan**), und Sie gleichen ab, ob der Umsatz ausreicht, um diese Kosten zu decken. Wenn die Umsätze größer als die Kosten sind, ist Ihr Vorhaben wahrscheinlich von Erfolg gekrönt (**Erfolgsplan**) und Sie haben einen Gewinn zu verzeichnen, wenn sich's dann auch so realisiert, wie Sie es geplant haben.

Ist im Privatleben doch genauso. Wenn Sie nicht ungefähr wissen, wie viele Leute auf ihre Party kommen, und wie viel die essen und trinken, macht es wenig Sinn aufs gerade wohl Kuchen zu backen, Eier einzukaufen, Carla, Frauke und Ihre anderen Freundinnen und Freunde einzuspannen, einen größeren Backofen zu kaufen, und bei der Bank einen Kredit über 15.000 Euro aufzunehmen, hart an der Grenze zur persönlichen Zahlungsunfähigkeit. Das kostet, und dann kommen womöglich nur der Schwitzi und der Nobsi, beide Veganer, die ihren Kuchen wegen der darin enthaltenen Eier verschmähen. Wahrscheinlich ist dann das Kosten-Nutzen-Verhältnis (= Effizienz) Ihrer Party nicht so prickelnd.

Die so aufeinander abgestimmten Teilpläne werden zu einem Gesamtplan zusammengeführt. Obige Darstellung unterstellt zwar eine **schrittweise** Vorgehensweise (**sukzessive Planung**), d.h. die Teilpläne werden nacheinander erstellt, was in der Praxis aber aus Zeitgründen meist nicht gegeben ist. Das dauert. Sie können ja nicht schön gemütlich 3 Monate den Absatzplan abfassen, dann auf dieser Basis in 4 Monaten den Produktionsplan aufbauen usw. Da läuft Ihnen die Zeit weg und vielleicht die Carla.

Eine optimale Koordination der Teilpläne würde erreicht werden, wenn die Teilpläne **simultan** (= gleichzeitig) erstellt würden. Das ginge auch schneller. Die Realität zeigt jedoch, dass auch eine reine Simultanplanung an der Vielzahl der Variablen („was muss alles in einem Plan Eingang finden?") und Interdependenzen („inwiefern hängen die Teilpläne voneinander ab?") schwierig ist.

Was tun? Halt so ein Mittelding. Als Vorlauf benötigen Sie auf jeden Fall die absetzbaren Stückzahlen und erst dann können Sie die nachfolgenden Planungen erstellen, die Sie jedoch aufgrund des Zeitmangels mehr oder weniger simultan formulieren sollten.

4.1.13. Planungskalender

Damit es nicht so einen Kuddelmuddel gibt wie im letzten Kapitel beschrieben, arbeitet man in der Praxis mit Planungskalendern wie nachfolgend abgebildet:

Lfd. Nr	Aktivität	Verantwortlich	Termin
1	Verfassen des Planungsbriefes an die Planungsverantwortlichen in den Geschäftsbereichen und Initialisierung des Planungsprozesses durch das zentrale Controlling	Zentralcontrolling	15.07.20XX
2	Vorschläge der Eckdaten über Absatzmengen, Umsatzerlöse und Investitionsprojekte für die nächsten 3 Jahre an die Geschäftsleitung/Zentralcontrolling	Geschäftsbereichs-leiter, Produkt-Verantwortliche	05.08.20XX
3	Konsolidierung (= Verfestigung) der Planvorschläge und Abschätzen der Ergebnisbeiträge der Geschäftsbereiche	Zentralcontrolling	16.08.20XX
4	Strategieklausur: Abgleich der konsolidierten Ergebnisse der Geschäftsbereiche mit der Gesamtzielsetzung des Unternehmens, ggf. Plankorrekturen; Planung der Kapitalbindung und des Kapitalbedarfs; Verabschiedung der Eckdaten für die Dreijahresplanung	Geschäftsführung, Geschäftsbereichs-leiter; Werksleiter	26.08 – 27.08.20XX
5	„Herunterbrechen" der verabschiedeten Eckdaten in Form von Zielvorgaben für die Geschäftsbereiche und Produktlinien	Geschäftsbereichs-leiter, Produktver-antwortliche, Bereichscontroller	02.09.20XX
6	Feinplanung der Produktions- und Absatzmengen sowie der Umsatzerlöse für das Planjahr 20XX auf der Basis der einzelnen Produktlinien	Produnktverantwort liche, Werksleiter, Bereichscontroller	05.09 – 4.10.20XX
7	Gemeinkostenplanung auf Kostenstellenebene für das Planjahr 20XX, Ermittlung der Plan-Kalkulationssätze und Planung des Betriebsergebnisses auf der Ebene der Produktlinien; Festlegung insbes. der Kostenbudgets	Kostenstellenver-antwortliche, Bereichscontroller	05.10 – 19.10.20XX
8	Transformation der Plan-Betriebsergebnisse der Geschäftsbereiche (Produktlinien) in das Plan-Bilanzergebnis des Unternehmens und Vergleich mit der vom Vorstand festgelegten Zielvorgabe (1.Konsolidierung)	Zentralcontrolling, Bereichscontroller	20.10 – 31.10.20XX
9	Ggf. Plananpassungen und weitere Konsolidierungen	Zentralcontrolling, Bereichscontroller, Produktverantwort-liche,Kostenstellen-verantwortliche	21.10 – 11.11.20XX
10	Vorstellen der Planung vor Geschäftsführung und Aufsichtsrat und Genehmigung	Zentralcontrolling, Geschäftsführung, Geschäftsbereichs-Leiter	17.11 – 18.11.20XX
11	Planungsteile empfängerorientiert aufbereiten und verschicken	Zentralcontrolling	21.11 – 25.11.20XX

Abbildung 27: Planungskalender

Planungskalender werden insbesondere für den jährlichen Budgetierungsprozess verwendet. Budgetierung könnte man bezeichnen als „wertmäßige Planung", d.h. hier werden die Planungsinhalte und die damit verbundenen Umsätze und Kosten in Euro ausgedrückt. Ja, es geht wieder mal um die Kohle, die ja auch beim Unternehmen nicht so locker sitzt, und deswegen einer genauen Planung bedarf.

Ein Planungskalender zeigt auf, was von wem bis wann im Verlauf der Planung zu erledigen ist. Er stellt die kalendarisch eingeordneten Planungsaktivitäten dar. Die Fertigstellungstermine der Planungsaktivitäten werden auch als „Meilensteine" bezeichnet.

Der Planungskalender beinhaltet meist eine Feinplanung für das nächste Jahr, und eine grobe Dreijahresplanung mit Eckdaten.

Der Planungskalender eines Unternehmens mit mehreren Geschäftsbereichen (Leistungsbereichen) könnte, wie oben dargestellt, aussehen.

Obiges Beispiel stellt einen verkürzten Planungskalender aus der Praxis dar. Firmenspezifische Daten und Zahlen wurden herausgenommen. Sollten Sie nicht alle im Planungskalender verwendeten Begriffe verstehen, dann macht das nichts, soll ja nur als Beispiel dienen, wie sowas abläuft. Reicht, wenn es die Controller verstehen. Für was gibt es Arbeitsteilung, und außerdem muss man ja nicht alles verstehen, oder?

Etwas ähnliches wie einen Planungskalender haben Sie ja vielleicht auch schon mal aufgestellt, z.B. für eine Prüfungsvorbereitung oder für die Vorbereitung eines größeren Urlaubs mit mehreren Personen und Reisezielen. Da müssen Sie sich ja auch überlegen, wer erledigt was bis wann. Kurz vor der Abreise sollte dann der Plan stehen. Vielleicht sollten Sie für Ihren Afrika-Trip einen solchen Kalender aufstellen, würde sicherlich auch Carla beeindrucken. Vielleicht wäre es aber auch besser, den Kalender der Carla erst kurz nach der Abreise zuzuschicken. Wäre wahrscheinlich klüger. Man weiß es nicht.

4.1.14.   Flexibilität der Planung

Keine Planung kann sich perfekt auf die Zukunft einstellen, weil die Dinge morgen schon anders sind wie heute.

„Der Perfektionismus lähmt jede Flexibilität"
(Dieter Gropp)

Perfektionismus ist ineffizient. Er kostet mehr als er bringt. Soll heißen, dass Sie nicht zu sehr ins Detail denken, und lieber die Planung gegebenenfalls der Realität anpassen sollten, wenn die Durchführung der Maßnahmen nicht zielführend ist.

Planung soll so flexibel wie möglich sein, d.h. auf mögliche Umweltveränderungen nach dem Planungszeitpunkt soll durch eine entsprechende **Planungsform** reagiert werden können.

Grundsätzliche Planungsformen sind die Alternativplanung und rollende Planungssysteme oder ein Mix aus beiden.

(a) Alternativplanung:

Bei der Alternativplanung (auch „Eventualplanung" oder „Schubladenplanung" genannt) wird nicht nur ein Plan entwickelt, sondern je nach möglich gehaltenen Zukunftsentwicklungen (= **Szenarien)** werden alternative Pläne aufgebaut. Für die „Eventualität", dass es doch anders kommt als gedacht, kann dann der „alternative" Plan aus der „Schublade" gezogen werden. Auf gut deutsch gesagt „Plan B" (und evtl. Plan C).

Im Sinne einer „Schubladenplanung" kann je nach Entwicklung der wesentlichen Daten der entsprechende Alternativplan eingesetzt werden. Beispielsweise kann eine mögliche Gesetzesänderung ein Vorausdenken dieser möglichen Situation erfordern, d.h. ein Alternativplan wird aufgebaut.

Sie sollten sich auch überlegen was Sie tun, wenn Carla Ihren Zukunftsvorstellungen nicht zustimmt, und vielleicht einen Plan B und Plan C aufbauen. Plan B könnte sich z.B. damit beschäftigen, wie Sie sich Ihren durch Carla verursachten Krankenhausaufenthalt so angenehm wie möglich gestalten. Plan C könnte beinhalten, wie Sie erfolgreich Arbeit aufnehmen, und Ihren Jungs verklickern, warum Sie jetzt doch nicht mit auf Afrika-Trip gehen, ohne als Weichei dazustehen. Aber, man muss den Teufel ja nicht gleich an die Wand malen. Lassen Sie sich nicht entmutigen und glauben Sie fest an Plan A. Glaube versetzt Berge, wenn sie nicht allzu groß sind, und nicht Carla heißen.

(b) Rollende Planung (rollierende Planung = überlappende Planung)

In der Praxis wird die Planung überwiegend in Form einer rollierenden Planung durchgeführt.

Beträgt die Planungsperiode z.B. 5 Jahre im Rahmen einer strategischen Planung, so erstellt man zuerst einen Gesamtplan für diese Zeitdauer (1. bis 5.Jahr). Am Ende einer Teilperiode (meist ein Jahr) wird sodann für die nächsten 5 Jahre geplant (2. bis 6.Jahr, usw.). Die geplanten Zeiträume überlappen sich also. Hierbei vergleicht man die bisherigen Plangrößen mit der zwischenzeitlich eingetretenen Entwicklung und passt sie gegebenenfalls der veränderten Realität an. Dadurch bleibt die Planung flexibel und aktuell, der Planungshorizont ist immer der gleiche z.B. 5 Jahre, und die Abweichungen zwischen Ist und Soll werden geringer.

Um die rollende Planung effizienter zu gestalten, wird die erste Periode meist fein geplant, die nachfolgenden Perioden dagegen nur grob, da die weiteren Perioden ohnehin nächstes Jahr wieder überdacht werden.

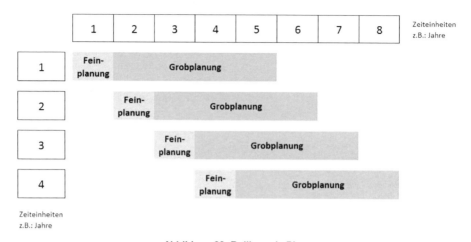

Abbildung 28: Rollierende Planung

Dieses Planungsverfahren wird insbesondere in der strategischen Planung eingesetzt. Aber auch in der operativen Planung findet es Verwendung. Ein Muss ist diese Vorgehensweise bei der Liquiditätsplanung. Sie stellt die voraussichtlichen Einzahlungen und Auszahlungen der nächsten Monate gegenüber. Sollte das Unternehmen längerfristig eine finanzielle Unterdeckung haben, d.h. mehr Auszahlungen als Einzahlungen, ist es insolvenzgefährdet und muss evtl. dicht machen (dann wird's ja vielleicht doch noch was mit dem Afrika-Trip, da kann dann Carla auch wenig machen). Trotzdem sollte das nicht passieren. Sie stellen also den Liquiditätsplan z.b. von Januar bis Mai auf. Für den Januar wissen Sie ja ziemlich genau, welche Gelder rein- und welche rausgehen. Hier können Sie eine Feinplanung vornehmen. Die Monate Februar bis Mai muss man dann nicht ganz so genau planen, da sie ja Ende Januar ohnedies wieder überdacht werden, wenn Sie die Monate Februar bis Juni planen. Tolle Sache, oder?

So, jetzt haben wir das wichtigste zur Planung gesagt, jetzt muss nur noch realisiert, kontrolliert und gesteuert werden, und der Managementkreislauf ist geschlossen.

4.2.   Realisieren

Jetzt ist es soweit, genug darüber gegrübelt, wie Sie es machen könnten, „alea jacta est", die Würfel sind gefallen, wie Cäsar es in einem lichten Moment einmal ausgedrückt hat. Umsetzen ist angesagt. Nicht nur gescheit daherreden, nun heißt es durchführen. Um realisieren zu können, wäre es nicht schlecht, wenn eine hierfür notwendige Organisation schon bestehen würde, wie es im Unternehmen wahrscheinlich auch der Fall ist. Wenn es noch keine Regelungen hierzu gibt, sollten Sie sich überlegen, „wer macht was, wann, wo, wie und womit". Wie Organisation, also dieses Schaffen von Regelungen genau funktioniert, können Sie sich im Band 2 Organisation ansehen.

Es geht also darum zu regeln, wer welche Teilaufgaben zu erledigen hat, wann bzw. bis wann diese Aufgaben in welcher Reihenfolge erledigt sein sollen, wo diese Arbeiten rein räumlich stattfinden, mit welchen Methoden die Aufgaben erfüllt werden und welche Hilfsmittel, Techniken und Informationen bereit stehen sollen. Das ganze nennen die Manager dann Organisation.

Sie sind wahrscheinlich froh, dass Sie die Planung hinter sich haben. Leider nicht ganz. Sie müssen jetzt schon wieder ein wenig planen.

„Was redet denn der Froschauer da. Die Planung haben wir doch hinter uns, Mensch Froschauer, Mc Fly, wir sind in der Realisationsphase, aufwachen!" Einerseits haben Sie schon recht, andererseits aber auch nicht. Um bei unserem Urlaubsbeispiel zu bleiben ist klar, dass Sie nach Thailand fliegen werden. Diese Planung ist abgeschlossen. Nun müssen Sie darüber nachdenken, wer die Tickets, wer die Medikamente besorgt, wer die Hotelreservierungen vornimmt, wer den Ferrari in Bangkok mietet usw. Genau, Sie müssen, um realisieren zu können, einen **Aktionsplan**, einen **Ausführungsplan** erstellen, sozusagen die Organisation für eine gute Realisation schaffen. Ohne diese Regelungen geht nix, „es" realisiert sich nicht von alleine. Im Unternehmen ist das nicht anders. Sie müssen z.B. bedenken, wer die Werbeagentur beauftragen, den Handel ansprechen, das neue Produkt gestalten soll usw. Auch in dieser Phase müssen Sie Entscheidungen treffen, wer was, wann, wie, wo, und womit macht. Im Vergleich zur Realisierung des Urlaubsplans steht im Unternehmen meist eine entsprechende Organisation dahinter, d.h. die Aufgaben und die Zuständigkeiten hierfür sind automatisch verteilt, die Abläufe sind zu einem großen Teil standardisiert, usw. Mehr zum Thema „Regelungen" gibt es - wie eingangs schon erwähnt - im Band „Organisation".

Carla hat freilich auch ihre Vorstellungen von einem Ausführungsplan, in der Sie sicherlich eine tragende Rolle einnehmen. Die Arbeitsteilung könnte dann wie folgt aussehen: Sie besorgen die Business-Class-Tickets bei Thai-Air über das Internet, nehmen alle 5 Sterne-Reservierungen vor, bestellen den dicken Benz in Bangkok, da Carla Ihnen den Ferrari zwecks Platzmangel schon wieder ausgeredet hat. Carla übernimmt den Großteil der Aufgaben. Sie kauft für sich unermüdlich neue Klamotten in Designergeschäften und Kosmetik im besten Haus am Platz ein. Sie möchte ja schön sein für Sie. Hat schon eine gute Seele unsere Carla. Wer das bezahlen soll? Nun seien Sie mal nicht so kleinlich. Ein erfolgreicher Mann verdient mehr Geld, als seine Frau ausgeben kann. Eine erfolgreiche Frau sucht sich so einen Mann. Sie wollen die Carla doch behalten, oder? Nicht kleckern sondern klotzen!

Für eine gute Umsetzung müssen weiterhin **Zwischenziele** gesetzt werden, sowohl für den Ausführungsplan als auch für die eigentliche Realisation. In der Projektmanagementsprache spricht man, und bald auch Sie, von „Meilensteinen". Ein **Meilenstein** ist ein Ereignis von besonderer Bedeutung. Diese Zwischenziele sind an die Fertigstellung eines bedeutenden Ergebnisses gebunden. So ist zum Beispiel das Fertigstellen des Werbeplans die Voraussetzung und damit Meilenstein für das Briefing (Anforderungen an die zu kreierende Werbung) der Werbeagentur. Die Fertigstellung des konkreten Werbekonzepts durch die Webeagentur ist ein Meilenstein für das

„pre-production-meeting", also das Treffen Ihrer Unternehmung mit der Werbeagentur vor der Werbeproduktion usw. Die Fertigstellung der genannten Aktivitäten wird mit konkreten Terminen versehen.

Meilensteine sind relevante Überprüfungspunkte, die sicherstellen, dass Ihr Vorhaben auf einem zielführenden Kurs ist. Sie beschreiben zu erreichende Zustände zu bestimmten Zeiten. Gute Meilensteine sind für alle Beteiligten verständlich und realistisch, in der Anzahl überschaubar, und so formuliert, dass sie gut kontrollierbar sind. Meilensteine können z.B. in einem Gantt-Diagramm (Querbalkendiagramm) dargestellt und gekennzeichnet werden. Hierzu mehr im Band 2 Organisation.

Angenommen, wir haben heute den 1.September, Starttermin nach Thailand ist der 1.November. Bis zum 29.September wollen Sie auf jeden Fall die Tickets besorgt, bis zum 7.Oktober die Hotelreservierungen vorgenommen, und spätestens bis zum 15.Oktober das Auto gemietet haben. Am 2.November landen Sie in Bangkok, schauen sich bis zum 4.November die Stadt an, fahren am Abend des 4.Novembers mit dem Nachtzug nach Chang Mai, bleiben dort nach durchgeführtem Dschungel-Trek bis zum 8.November und nehmen am 8.November vormittags einen Flug nach Pukhet, um da bis einschließlich 14.November am Strand von Patong zu verweilen, bevor es dann wieder mit dem Flugzeug nach Bangkok und von da weiter nach Deutschland geht. Das sind Ihre Meilensteine. Sie wollen damit eine **sachlich-zeitliche Zielerreichung** sicherstellen. Klingt kompliziert? Ist es aber nicht, **sachlich**, z.B."Hotelreservierung", **zeitlich** „bis 7.Oktober". Sie können sich bestimmt vorstellen, dass ohne diese Meilensteine Ihr Urlaub vermutlich nicht so strukturiert ablaufen würde.

Und wer hätte es gedacht? Im Unternehmen läuft's genauso wie im Privatleben ab, wie das obige Beispiel mit der Werbung ja schon gezeigt hat.

Meilensteine werden natürlich nicht nur für die Realisierung, sondern bereits für die Planung formuliert. Im Planungskalender Kapitel 4.1.13 sind in der 4. Spalte Fertigstellungstermine für bestimmte Planungsaufgaben genannt, folglich zu erreichende Meilensteine als zeitliche Richtschnur für die nachfolgenden Planungstätigkeiten.

4.3.   Kontrollieren

In der Kontrollphase stellen Sie fest, ob und inwieweit die Ziele des Unternehmens erreicht wurden (= Soll-Ist-Vergleich).

An dieser Stelle sei nochmals darauf hingewiesen, dass zwei wichtige Arten von Kontrollen im Managementkreislaufs Plan – Do – Check – Act unterschieden werden können.

(a)   Ergebniskontrolle

Bei der Ergebniskontrolle (auch Endkontrolle genannt) kontrollieren Sie, ob die Ziele, die Sie in der Planung formuliert haben, auch erreicht wurden. Sie findet am Ende der Realisierung statt. Sie beinhaltet einen Soll-Ist-Vergleich, d.h. einen Vergleich der gesetzten Ziele mit den erreichten Ergebnissen.

Sollten Sie mithilfe des Soll-Ist-Vergleichs eine Diskrepanz feststellen, schließt sich eine Ursachenanalyse bzw. Abweichungsanalyse an, um festzustellen, warum das Ist vom Soll abweicht. Im folgenden werden nochmals die 2 Planungsbeispiele „Urlaub" und „Marketing" für eine Analyse möglicher Abweichungsursachen herangezogen. Nachstehende Gründe für Abweichungen sind möglich:

- Sind Sie von falschen **Annahmen** ausgegangen? Haben Sie die zukünftige Situation eventuell falsch eingeschätzt?

  Urlaubsbeispiel:

  Sie wollten sich im Urlaub eigentlich erholen, war ja das Ziel Nr.1. Sie sind von der Annahme ausgegangen, dass Sie in Patong schön gemütlich am Strand liegen und sich gemütlich ein paar Drinks reinziehen können. Da haben Sie aber die Rechnung ohne die Carla gemacht. Patong ist groß und besitzt tausende Geschäfte, wie gemacht fürs wochenlange Shopping.

  Marketingbeispiel:

  Sie haben fälschlicherweise angenommen, dass die Anzahl der Qualitätskäufer in Ihrem Markt zunimmt, und die Anzahl der Preiskäufer abnimmt. Ihre Annahme, dass der Konkurrent auch auf Qualitätskäufer setzt, war ebenfalls falsch. Der Konkurrent hat es richtig gemacht, und bot in seiner Produktpalette auch das kostengünstige Produkt „FriedeFreudeEierlikör", das Getränk für die ganze Familie, an.

- zu hohe oder zu niedrige **Ziele**

  Urlaubsbeispiel:

  Das Ziel Erholung war ja nun eindeutig zu hoch angesetzt. Das Ziel Kosten dagegen zu niedrig. Urlaub mit Carla ist halt doppelter Preis und halber Spaß. Das hätten Sie wissen sollen. Wären Sie lieber mit Naomi gefahren.

  Marketingbeispiel:

  Das Absatzziel der Spirituose „Haudraufundschluss" war von Haus aus zu hoch angesetzt, weil Sie auch von der weiteren falschen Annahme ausgegangen sind, dass die Zahl der Alkoholiker in Ihrem Markt drastisch zunimmt. Was soll nur werden aus dieser Welt?

- falsche **Strategien**

Urlaubsbeispiel:

Vielleicht wäre das Richtige ein reiner Badeurlaub am Dorfweiher in Kleinwöferode gewesen, anstatt durch ganz Thailand zu tingeln. Thailand war womöglich eine grundsätzlich falsche Entscheidung. In Kleinwölferode gibt's nur 3 Geschäfte für Carla, einen Getränkemarkt, eine Kneipe und einen Autosalon. Da kann Sie dann auch gerne für Sie einkaufen. Und als Abwechslung wäre eine kleine Spritzfahrt auf dem Wasserwerfer durch den Großraum Kleinwöferode mit Carla drin gewesen.

Marketingbeispiel:

Hätten Sie lieber mal auf die Strategie der Kostenführerschaft gesetzt, und nur „Haudraufundschluss" angeboten, und auf die Entwicklung und Markteinführung von „Nochso'nSpruchKieferbruch" verzichtet. Dann könnten Sie größere Stückzahlen von „Haudraufundschluss" absetzen und produzieren, da Sie sich nicht Konkurrenz im eigenen Programm machen würden. Die Kosten pro Stück wären wesentlich niedriger gewesen und diesen Kostenvorteil hätten Sie dann als Preisvorteil an den Kunden weitergeben können. Ihre Absatzmenge wäre wahrscheinlich wesentlich höher ausgefallen.

- falscher **Mitteleinsatz**

Urlaubsbeispiel:

Das Ziel Abwechslung haben Sie mit der Wahl des 500er Mercedes auch nicht erreicht. Den haben Sie auch zu Hause in der Garage stehen. Der Ferrari wäre da schon zielführender gewesen.

Marketingbeispiel:

Das Absatzziel haben Sie u.a. wegen der falschen Auswahl der Werbeträger und der damit verbundenen Werbemittel nicht erreicht. Fernsehen als Werbeträger mit einem fetzigen Werbespot als Werbemittel wäre effektiver und effizienter gewesen für den Absatz von „Haudraufundschluss" als eine Anzeige in der Fachzeitschrift für Politessen und in der Vereinszeitschrift der anonymen Alkoholiker.
So eine kleine Keilerei zwischen rivalisierenden Fussballfans - die Gewinner halten zum Schluss die Flasche „Haudraufundschluss" in der Hand, am Boden liegen ein paar Glasscherben der zerbrochenen Flasche „FriedeFreudeEierlikör" neben den besiegten gegnerischen Fussballfans - das wäre ein absatzsteigernder Werbespot gewesen.

- schlechte **personelle Besetzung**

   Urlaubsbeispiel:

   Vielleicht wäre bei der Planung des Urlaubs die Einbeziehung Ihres Freundes Hasi Herzig, ein absoluter Spezialist in Urlaubs-Frauen-Fragen von Vorteil gewesen. Der hätte Ihnen das Desaster wahrscheinlich vorausgesagt. Urlaub mit Naomi wäre sicherlich klüger gewesen.

   Marketingbeispiel:

   Der Müller aus der Werbeabteilung ist einfach zu konservativ. Mit dem kann man so eine fetzige Werbung einfach nicht durchziehen. Sie wären da gewiss besser geeignet gewesen mit Ihren progressiven, zeitgemäßen Ideen. Dann wäre auch so was Wunderbares wie oben beschrieben entstanden.

- fehlende oder mangelnde **Zeitplanung**

   Urlaubsbeispiel:

   Sie haben Shopping und Carla einfach unterschätzt. Sie haben sich gedacht, irgendwann ist es auch Carla zu blöd zu shoppen. Wie lange kennen Sie die Carla eigentlich schon? Anscheinend nicht lange genug. Für den Kaufwahn Carlas hätten Sie locker 10 Tage ansetzen müssen. Um dann noch ein paar Tage relaxed am Strand zu liegen, wären 3 Wochen Urlaub Minimum gewesen.

   Marketingbeispiel:

   Sie haben die Zeitdauer für die Entwicklung der Werbeanzeigen in der Werbeagentur falsch eingeschätzt, weil Sie sich nicht genügend damit auseinandergesetzt haben. Das Produkt war bereits 2 Monate auf dem Markt, bevor die erste Werbung geschaltet wurde. „FriedeFreudeEierlikör" der Konkurrenz hat in dieser Zeit einen sehr hohen Absatz registriert und sich im Markt etablieren können.

(b) Mitlaufende Kontrolle

Die mitlaufende Kontrolle (= Parallelkontrolle) untersucht in jeder einzelnen Phase der Planung (Plan) und Umsetzung (Do) des Managementprozesses, ob die jeweilige Phase als abgeschlossen betrachtet werden kann oder nicht.

Während der **Planung** versucht die mitlaufende Kontrolle insbesondere folgende Soll-Ist-Abweichungen festzustellen:

- Sind die Informationen aus der Analyse Ist-Zustand (Kundeninformationen, Konkurrenzinformationen, Unternehmensinformationen usw.) ausreichend für die Gestaltung der Phasen Zielfestlegung, Entwicklung von Strategien und operativen Maßnahmen?

- Wurden die richtigen Ziele formuliert, und wurden sie richtig formuliert?
- Könnte man auch noch andere Strategien und operative Maßnahmen ergreifen?

Bei der **Umsetzung** überwacht die Parallelkontrolle

- den Fortschritt der Maßnahmen und
- die Erreichung von Zwischenzielen

Bei Abweichungen von den aufgestellten Zielen muss genau wie bei der Endkontrolle eine **Ursachenanalyse** vorgenommen werden, um entweder die operativen Maßnahmen zu verändern oder das Ziel bzw. die Strategie zu korrigieren.

Beispiele für eine fehlende oder mangelnde **Parallelkontrolle** bei der Umsetzung des Plans könnten sein:

Urlaubsbeispiel:

Eigentlich hätte Ihnen schon in Bangkok und Chang Mai auffallen sollen, dass dieser Urlaub zu einer Kauforgie wird. Die Carla ist halt nicht so weit entwickelt wie Sie. Da kann man ihr auch gar nicht böse sein. Sie glaubt halt immer noch „sie ist was sie hat". Sie und Naomi sind da auf einem wesentlich höheren persönlichen Level. Sie wissen „Sie sind was Sie sind". Nicht mehr und nicht weniger. Da macht das bestickte Sofakissen mit dem thailändischen Tempel auch nicht mehr aus Ihnen. Wenn Sie gescheit kontrolliert hätten, wären Sie nicht 2 Tage länger in Chang Mai rumgehangen, weil Carla noch Teelöffel aus Elfenbein gesucht hat. Sie hätten die Handbremse gezogen und ein Machtwort gesprochen, und schon wären Sie pünktlich in Pukhet gelandet, wo Carla dann wieder einkaufen hätte können.

Marketingbeispiel:

Am Ende des 1.Quartals haben Sie Ihr Zwischenziel von 25 Millionen Euro Umsatz nicht erreicht, sondern nur 21,5 Millionen Euro. Da hätten die Alarmglocken bereits läuten sollen. Die Alarmglocken läuten aber nicht, weil Sie diese Soll-Ist-Abweichung ja nicht einmal festgestellt haben. Da brauchen Sie sich nicht zu wundern, wenn am Ende anstatt der anvisierten 100 Millionen nur 80 Millionen Euro Umsatz realisiert werden. Aus ist's mit dem Ferrari und der Naomi.

4.4.   Steuern (= Act)

Und jetzt zu der letzten Managementaufgabe im Managementkreislauf, dem Steuern, welche den Regelkreis schließt.

Sowohl durch die Parallelkontrolle als auch durch die Ergebniskontrolle kommt es zur **Anpassung, Änderung und Rückkopplung** der Aktivitäten, wobei unterschieden werden kann zwischen

- kurzfristigen Konsequenzen in Form von Sofortmaßnahmen im operativen Bereich (insbesondere im Rahmen der Parallelkontrolle) und

- längerfristigen Konsequenzen, d.h. die strategische Ausrichtung wird neu überdacht und gegebenenfalls neu gestaltet.

Urlaubsbeispiel:

Kurzfristige Konsequenzen:

Sie sind in Patong 3 Tage für Carla einfach nicht auffindbar, weil Sie sich an den Kata-Beach weiter südlich verzogen haben. Das wäre Carla auch weiter gar nicht aufgefallen in ihrem Kaufrausch, wenn ihr nicht das Geld ausgegangen wäre. So hat sie natürlich Gott und die Welt in Bewegung gesetzt um Sie zu finden, zumal sie endlich die Elfenbein-Löffel gefunden hatte, aber mittellos dastand.

Langfristige Konsequenzen:

Nie wieder Thailand (mit Carla).

Marketingbeispiel

Kurzfristige Konsequenzen:

Wegen Ihres verspäteten Werbeauftritts entwickeln Sie kurzfristig verkaufsfördernde Maßnahmen, wie z.B. die Vergabe von Warenproben des hochprozentigen „Haudraufundschluss" für die Kunden beim Händler. Da freut sich die ganze Familie.

Langfristige Konsequenzen:

Sie verändern Ihre strategische Ausrichtung. Sie fahren eine Preis-Mengen-Strategie, bieten nur noch „Haudraufundschluss" an, und wollen Kostenführer im Marktsegment „hochprozentiger Klarer" werden.

Exkurs Controlling:

An dieser Stelle bietet sich ein kleiner Ausflug in den Bereich **Controlling** an, zumal „to control" ja nicht – wie viele glauben – kontrollieren bedeutet, sondern steuern.

Hierzu ein analoges **Beispiel:**

Sie wollen mit dem Auto von München nach Hamburg in einer bestimmten Zeit fahren (= Ihr Ziel). Dazu müssen Sie als erstes eine Reiseroute festlegen (= Strategie), um dort hinzukommen. Wenn alles gut geht, **steuern** Sie auf direktem Weg dahin. Leider kommt es meistens anders, als man denkt, d.h. Ihr **Plan** war zwar relativ gut durchdacht, aber erhöhtes Verkehrsaufkommen, Staus, Rückreiseverkehr usw. (= Störungen, Turbulenzen der Umwelt) erschweren es Ihnen, in der vorgegebenen Zeit Hamburg zu erreichen. Sie bemerken während der Fahrt (= Ist), dass Sie Ihr Ziel rechtzeitig in Hamburg zu sein (= Soll), mit der geplanten Reiseroute nicht erreichen. Dieser Soll-Ist-Vergleich (= **Kontrolle**) nötigt Sie, Korrekturmaßnahmen zu ergreifen, um doch noch rechtzeitig in Hamburg anzukommen (= **Gegensteuern**), d.h. Sie verändern die ursprünglich geplante Reiseroute.

Ein modernes Navigationssystem (entspricht dem Controlling) würde in diesem Fall Ihre Entscheidungen zur Zielerreichung tatkräftig unterstützen.

Controlling kann demnach folgendermaßen definiert werden:

„Unterstützung der Führungskräfte bei ihren Planungs-, Kontroll-, Steuerungs- und Organisationsaktivitäten im Unternehmen (was macht das Controlling?) durch die Bereitstellung relevanter Informationen und Methoden (wie unterstützt das Controlling?)."

Es unterstützt demnach in allen Phasen des Managementkreislaufs Plan – Do – Check – Act. Daraus ergeben sich folgende konkrete Aufgabenfelder des Controllings:

Zielcontrolling (Unterstützung bei der Zielfindung; **„plan"**)

- Mitarbeit an der Zielfindung; es geht darum, die richtigen Ziele zu finden. Ist beispielsweise Umsatz oder Deckungsbeitrag das richtige Ziel für den Vertriebsmitarbeiter?

- Zieldefinition; die Ziele müssen richtig, „smart" formuliert werden, z.B. „Erreichung eines Umsatzes von 450.000 Euro im Jahr 20XX".

- Festlegung von Messgrößen; wie soll die Zielerreichung gemessen werden, z.B. mit Hilfe von Kennzahlen, Befragungen usw. Wie messen Sie beispielsweise das Ziel Mitarbeiterbindung? Durch die Fluktuationsrate? Wäre nicht zielführend, da die Mitarbeiter, welche von betrieblicher Seite gekündigt wurden, selbstverständlich nicht einbezogen werden dürfen. Eine gute Messgröße wäre:

$$\frac{\text{arbeitnehmerbedingte Kündigungen} \times 100}{\text{gesamte Belegschaft}}$$

- Aufzeigen von Zielkonflikten; das Ziel der Neukundenakquisition könnte in Konkurrenz zu dem Ziel „Bestandskundenpflege" stehen, da der Vertriebsmitarbeiter hautsächlich Neukundenakquisition betreibt um das Oberziel Umsatz zu erreichen und seine bestehenden Kunden vernachlässigt.

Planungscontrolling (Unterstützung bei der Planung von Maßnahmen; **„plan"**)

- Fortlaufende Beobachtung der betrieblichen Möglichkeiten und der Umwelt mit ihren Einflüssen auf die Unternehmung
- Finden und Empfehlen von Handlungsalternativen
- Unterstützung bei der Bewertung der und Auswahl zwischen den Alternativen (Entscheidung).

Der vorwiegende Grund für den „Siegeszug" des Controllings im Unternehmen liegt darin, dass es mögliche Konsequenzen für mögliche Maßnahmen aufzeigt, und so den Entscheidungsträger dabei unterstützt, die richtigen Entscheidungen zu treffen. Die Führungskraft ist sich oftmals über die Konsequenzen von möglichen Entscheidungen nicht bewusst. Wenn beispielsweise das durchschnittliche Alter der 20 Vertriebsmitarbeiter 50 Jahre zählt, und es gesenkt werden soll, wäre es möglich einen jüngeren Vertriebsmitarbeiter einzustellen. Wenn Sie einen 21-jährigen einstellen, haben Sie das Durchschnittsalter auf 49 gesenkt. Jetzt müssten Sie einen 14-jährigen einstellen, um das Durchschnittsalter auf 48 zu senken. Gleichzeitig haben Sie die Mitarbeiterzahl auf 22 erhöht. Bringt's das? Sie könnten natürlich auch Leute entlassen, was ja häufig die Maßnahme Nr. 1 miserabler Manager darstellt. Aber das kostet und schadet dem Image (Gott sei Dank!) enorm. Vielleicht wäre es auch möglich, jüngere Mitarbeiter aus anderen Bereichen des Unternehmens für den Vertrieb zu interessieren, und den älteren Vertriebsmitarbeitern eine Position in einem anderen Unternehmensbereich schmackhaft zu machen. Dadurch wären natürlich jeder Menge Personalentwicklungsmaßnahmen fällig, und außerdem ist doch die Frage, ob das die betroffenen Unternehmensbereiche überhaupt wollen.

Solche Konsequenzen sollte das Controlling bzw. der Controller der Führungskraft aufzeigen.

- Koordination verschiedener Teilpläne zu einem Gesamtplan

Aktivitätscontrolling (Steuerung und Überwachung der Realisierung; „Do")

- Steuerung und Überwachung der anlaufenden Aktivitäten
- Setzen von Meilensteinen; welcher Umsatz sollte beispielsweise bis zum Quartalsende 31. März, 30. Juni, 30. September und letztendlich bis zum 31.Dezember erwirtschaftet werden?
- Mitlaufende Kontrolle; wurden die Meilensteine erreicht?
- Festlegung, wie bei Abweichungen verfahren wird
- Empfehlung von Korrekturmaßnahmen während der Umsetzung
- Reporting an Entscheidungsträger; in diesem Zusammenhang ist festzulegen, wer welche Informationen, in welchen Abständen, in welcher Form bekommt (Berichtswesen).

Erfolgscontrolling (Kontrollieren der erreichten Ergebnisse; **Check**)

- Soll-Ist-Vergleich (= Endkontrolle)
- Ursachenanalyse (= Abweichungsanalyse)

- Weiterleitung der Kontrolldaten an die Entscheidungsträger

- Empfehlungen für Korrekturmaßnahmen bezüglich Ziele und/oder Maßnahmen für die nächste Periode.

Jetzt schließt sich der Kreis, weil im Rahmen der Ergebniskontrolle die Ursachen für Zielverfehlungen ermittelt werden, die wiederum Input für die neuen Planungen darstellen (= **Act**). Die gleichen Fehler werden hoffentlich nicht noch einmal gemacht. So wird das Unternehmen ständig besser, was ja das Hauptziel des Managementregelkreises darstellt.

Um all diese Aufgaben im Rahmen des Planungs- bzw. Entscheidungsprozesses wahrnehmen zu können, muss das Controlling Daten und Informationen **ermitteln, analysieren** und in einem verarbeitungsfähigen Format speichern bzw. **dokumentieren** und an die Entscheidungsträger berichten (Reporting).

So, das war zum Schluss nochmal die Unterstützung des PDCA-Schemas durch das Controlling - rein „sachlich" rübergebracht -, damit Sie am Ende doch noch das Gefühl haben, ein Sachbuch gelesen zu haben.

Wir sind jetzt am Anfang vom Ende angelangt, Ende gut alles gut, und warum? Na ja, weil Sie jetzt bestimmt besser als Ihr Chef oder eine sonstige Respektperson, wie beispielsweise Ihre Schwiegermutter wissen, wie das Managen so funktioniert.

Sie überblicken jetzt den Managementkreislauf. Falls Sie Interesse haben, auch noch etwas über die Managementtätigkeiten „Organisation", „Mitarbeiterführung" und „Kommunikation" zu erfahren, und Ihnen diese Art der Wissensaufnahme Spaß gemacht hat, würde ich mich freuen, wenn Sie zu diesen Themen mal in die Bände zwei, drei und vier reinschauen würden.

Ich hoffe, Sie hatten ein wenig Freude beim Durchlesen dieser stellenweise vielleicht sonderbar anmutenden Lektüre, und wünsche Ihnen alles Gute für Ihre Zukunft, womöglich als Manager. Auch die leidgeprüfte Carla möchte sich an dieser Stelle nochmals bei Ihnen bedanken, dass sie ihr Wesen so managerhaft ertragen haben.

Die kleinen „nicht fachlichen" Einlagen bitte ich nicht wörtlich zu nehmen und schon gar nicht ernst. Wenn man sich und die ganzen Querelen im Leben nicht allzu ernst nimmt, kommt man viel besser mit sich und mit anderen klar, und hat die Möglichkeit, sein Bewusstsein zu erweitern und sich selbst besser wahrzunehmen. Aber das wissen Sie sicherlich ja schon.

Wenn Sie noch mehr „Fachbücher" dieser Art im Bereich Management oder im Bereich „betriebliche Funktionen" wünschen, lassen Sie es dem Verlag wissen. Der Verlag und natürlich ich würden uns sehr darüber freuen.

Für Ihre konstruktiven Vorschläge und Ihre konstruktive Kritik bin ich Ihnen schon im Voraus sehr dankbar, da ich an einer ständigen Weiterentwicklung meines Schaffens und meiner Person sehr interessiert bin. Sie wissen ja: „Wer glaubt, etwas zu sein, hat aufgehört etwas zu werden."

Literaturverzeichnis

Bamberger, I. und Wrona, T.: Strategische Unternehmensführung, München 2012.

Ehrmann, H.: Unternehmensplanung, Ludwigshafen 2007.

Ehrmann, T.: Strategische Planung, Methoden und Praxisanwendung, Berlin/Heidelberg 2007.

Hungenberg, H.: Strategisches Management in Unternehmen, Wiesbaden 2008.

Krause, G. und Krause, B.: Die Prüfung der Industriefachwirte, Ludwigshafen 2012.

Kreikebaum, H.: Strategische Unternehmensplanung, 6. Aufl., Stuttgart 1997.

Weis, H.C.: Marketing, 13. Auflage, Ludwigshafen 2004.

Wrona, T. und Küpper, H.-U.: Unternehmens- und Wirtschaftsethik in der betriebswirtschaftlichen Forschung, Zeitschrift für Betriebswirtschaft, Special Issue 6/2012.

Über den Autor

Uwe Froschauer, Jahrgang 1959, absolvierte nach seinem Abitur ein Studium der Betriebswirtschaft an der Ludwig-Maximilians-Universität in München, das er 1988 erfolgreich als Diplom Kaufmann abschloss.

Bereits während des Studiums sammelte der Autor viele Erfahrungen im Managementbereich und unterstützte seinen Vater in dessen Bauunternehmen. Durch Projekte in Südostasien machte er während seiner Studienzeit erste Erfahrungen im interkulturellen Management und in interkultureller Kommunikation. Später baute er seine Kenntnisse im Bereich Management weiter aus, besuchte diverse Weiterbildungsseminare und ist seit 1993 Trainer bei Bildungsträgern und großen Unternehmen im Raum München.

Weitere Tätigkeitsbereiche des Autors erstrecken sich auf das Coaching von Unternehmensgründern und die Beratung mittelständischer Unternehmen. Wegen seiner lockeren Art, Wissen zu vermitteln, ermunterten ihn Seminarteilnehmer und Beratungskunden gleichermaßen, die Buchreihe „Du managst jeden Tag, du weißt es nur nicht", bestehend aus den Bänden Managementkreislauf, Organisation, Mitarbeiterführung und Kommunikation zu schreiben.